초 판 발 행	2014년 2월 6일
개 정 판 발 행	2023년 4월 1일
지 은 이	이용희
펴 낸 곳	도서출판 복의근원
등 록 번 호	2012-000057
주 소	서울 영등포구 버드나루로14가길 5
도 서 문 의	02-6953-6467
이 메 일	blessingboook@gmail.com
개정판디자인	조효진
인 쇄	영진문원

I S B N	978-89-97912-52-0 개별책
	978-89-97912-51-3 세트

저작권자의 허락 없이 이 책의 일부 또는 전체를
무단 복제, 전재, 발췌하면 저작권법에 저촉됩니다.

조국을 위해 울라 2

눈물을 흘리며 씨를 뿌리는 자는 기쁨으로 거두리로다
(시편 126:5)

이용희 지음

추천사 1

젊은 기도꾼들이 기도로 나라를 지켜야 합니다

故 김준곤 목사
(한국 CCC 설립자, 에스더기도운동 초대 고문)

우리나라는 정치적으로 군사적으로 남북이 분단된 지 반세기가 넘었고, 또 북한은 핵을 만들고 미사일을 쏘고 있습니다. 북한은 세계적으로 가장 자유가 없고 심각한 독재국가이며 국민들은 가난과 굶주림에 허덕이는 약한 나라로 알려져 있습니다. 그런데 요즘에는 남북 분단보다도 남한 내의 갈등이 더 치명적인 문제로 거론되고 있습니다.

교회도 양적으로 많이 부흥했지만 교회가 성장하려고 하면 항상 그래왔듯이 안팎으로 교회를 무너뜨리려는 세력들 또한 많아졌습니다. 우리 한국은 통일교가 한 번 휩쓸고 가더니 많은 이단들이 생겨났고, 이제는 또 이슬람이 어마어마한 돈을 가지고 당당하게 들어와서 도전하고 있습니다. 요즘은 한국이 이슬람의 전략 기지가 되었다는 노골적인 말들이 들립니다.

한국 교회는 본래 기도를 많이 하지만, '통곡의 강 운동'을 하고 있는 분들의 말을 빌리지 않더라도 현재 우리나라는 너무도 통곡할 지경입니다. 이것은 힘으로도 능으로도 되지 않고 오직 성령으로만 가능한데, 성령이 우리 앞에서 막아주고 싸워주려면 또 성령의 역사가 강력히 일어나려면 교회의 기도가 필요합니다. 에스더 금식기도운동이 한국 교회 가운데 자리를 잡은 것 같아 다행입니다.

우리 민족은 남북 분단 60여 년이 되었습니다. 북한 땅은 원래 우리나라 기독교의 발상지입니다. 하지만 그 땅에서 신사참배 또한 가결되었습니다.

주기철 목사님께서 감옥에서 순교하시기 위해 기다리고 계실 때, 하루는 목사님께서 일본 경찰에게 마지막으로 설교를 할 수 있도록 부탁하셨습니다. 그리하여 목사님께서는 죄수복을 입은 채로 평양 산정현 교회에서 최후의 설교를 하셨습니다. 이것이 바로 너무나 유명한 주기철 목사님의 마지막 설교입니다. 주기철 목사님께서는 하나님의 채찍이, 무서운 채찍이 교회와 민족에게 가해질 것이라고 말씀하셨습니다. 또 자신이 하나님께로 갈 시간이 가까워 온 것을 아시고는 이렇게 말씀하셨습니다.

"대동강아 울어라. 을밀대야 울어라. 통곡을 한다. 나도 울고 너도 울자. 그리고 나는 천국에 가서 한국 민족과 한국 교회를 위해서 기도하겠다."

아마 이용희 교수님의 기도가 주기철 목사님의 마지막 기도와 같은 것인 줄 압니다.

한국 교회를 위한 수만 개의 처방이 날마다 쏟아져 나오고 있습니다. 하지만 저는 이 상황에서 빌리 그레이엄(Billy Graham) 목사님의 대답이 생각납니다. 많은 신도들이 부흥의 불길을 일으키고 있는 빌리 그레이엄 목사님에게 부흥의 비결이 무엇인지 물었습니다. 빌리 그레이엄 목사님은 첫 번째 비결은 바로 기도라고 대답했습니다. 사람들이 두 번째 비결을 묻자 목사님은 두 번째 비결도 기도라고 했습니다. 사람들이 또 세 번째 비결을 묻자 목사님은 역시 기도라고 말했습니다. 영어로 "prayer, more prayer, and much prayer"입니다.

우리가 무엇으로 이 많고 많은 마귀들을 이길 수 있겠습니까?

JESUS ARMY는 한국 젊은이들이 함께 모이는 기드온의 300 용사들이자 예수 그리스도의 군대입니다.
젊은 기도꾼들이 기도로 나라를 지켜야 합니다.
교회에 들이닥치고 있는 마귀들을 기도로 물리치십시오.
남북통일도 기도를 통해 하십시오.
교회의 부흥도 기도로 이루시길 바랍니다.
JESUS ARMY는 성령 충만한 군대여야 합니다.
기도의 용사가 되십시오.
여호수아와 갈렙과 같은 승리자가 되십시오.
기도로 나라를 구하십시오.
낙망하지 말고 끊임없이 기도하십시오.

끝으로 이용희 교수님의 기도가 한국 교회 가운데 큰 영향력을 발하길 바랍니다. 여호수아와 갈렙이 가졌던 그 용기를 가지십시오.

추천사 II

방향타가 되고
전략 지침서가 되길 바라며

박 종 순 목사
(충신교회 원로목사, 전 한국기독교총연합회 증경대표회장)

신앙생활은 영적 전쟁입니다. 전쟁에 패하면 절망과 죽음만 남습니다. 전쟁에 이기려면 조건이 갖춰져야 합니다.

첫째, 군대입니다. 군대란 수도 많아야 하지만 정예화 된 군대라야 합니다. 정신과 기강이 해이해진 군대는 녹슨 기계와 같습니다.

둘째, 최첨단 무기입니다. 현대전의 양상은 무기가 최첨단화 하고 있다는 것입니다. 상대가 최신 병기를 쓰는데 새총으로 전쟁을 치를 순 없습니다.

셋째, 전략입니다. 제아무리 수가 많고 첨단 무기로 무장했더라도 전략이 미흡하다면 이길 수 없습니다. 고도의 전략이라야 적을 이길 수 있습니다.

넷째, 강한 정신력입니다. 최상의 가구목은 북구 한대지방에서 풍설 맞고 자란 나무라고 합니다. 금도 불 속에서 오래 견딘 것인 순금입니다. 군대도 강한 훈련과 정신적 무장을 갖췄을 때 강병이 됩니다.

이런 이치는 Jesus Army의 경우도 적용됩니다. 모든 크리스천은 군대입니다. 마귀도 군대입니다. 우리의 싸움은 혈과 육이 아니라 어둠의 세력과의 전쟁입니다. 모래알은 응집력도 결속력도 없지만 물과 시멘트를 만나면 콘크리트가 되는 것처럼, 우리가 대장 되신 예수님의 전략을 따르고 그 뒤를 따른다면 최강의 예수 군대가 되는 것입니다. 그리고 그 어떤 도전 세력도 이길 수 있습니다.

지금 한국 교회는 적들의 맹공으로 시달리고 있습니다. 그런데 전략도 병사도 병기도 허약합니다. 그러나 Jesus Army가 일어선다면 그 어떤 세력도 겁낼 것 없습니다. 그런 면에서 『JESUS ARMY』의 발간을 축하합니다. 『JESUS ARMY』가 방향타가 되고 전략 지침서가 되길 바라며 발전과 번영을 기도드립니다.

개정판 서문

개정판을 내며

한 번은 신촌 24시 기도센터에서 목요철야기도를 하는데, 새벽 3시쯤 되었을 때였습니다. 주님께서 제 마음에 "이 밤에 '불이야!' 하고 외치면 죄짓다가 뛰어나오는 사람들이 얼마나 되겠느냐?"라고 물으셨습니다. 대학들이 밀집되어있는 신촌에는 모텔, 술집, 안마 서비스 등 유흥업소가 정말 많았습니다. 그래서 '죄짓고 있다가 옷도 채 걸치지 못하고 헐레벌떡 뛰어나올 사람들이 얼마나 많겠는가. 이에 반해 기도하다가 뛰어나올 사람들은 과연 몇 명이나 될 것인가.' 생각하게 되었습니다.

한국교회가 1980년대까지 매주 금요일 밤 11시부터 토요일 새벽까지 금요철야기도회를 할 때는 이 나라의 음란과 각종 죄악이 이렇게 창궐하지 않았습니다. 교회가 개독교라고 욕을 먹지도 않았습니다. 기도하지 않으니까 성도들이 빛과 소금이 되지 못하고 길에 버려져서 밟히는 것입니다. 기도하지 않으니 죄와 세상과 마귀를 이기는 능력이 사라졌습니다.

한국교회의 출석 교인 중 약 10%가 매일 새벽기도회를 출석한다고 합니다. 즉 출석 교인의 십일조가 새벽에 깨어 기도합니다. 저는 얼마 전부터 주님께 기도했습니다. "한국교회 출석 교인 중 1%는 매일 철야기도회를 하며 조국의 성 무너진 데를 막아서게 하옵소서." 즉 한국교회 성도들의 백일조는 '성벽 위의 파수꾼' 같이 밤을 새우며 이 민족의 기도 불침번 서기를 기도하고 있습니다.

'조국을 위해 울라2'는 조국의 성벽 위에서 이 민족을 지키는 기도파수자들을 섬기기 위한 책입니다.

> **예루살렘이여 내가 너의 성벽 위에 파수꾼을 세우고 그들로 하여금 주야로 계속 잠잠하지 않게 하였느니라 너희 여호와로 기억하시게 하는 자들아 너희는 쉬지 말며** (사 62:6)

'조국을 위해 울라'에 이어 '조국을 위해 울라2'가 출판되었을 때 많은 사람들이 이 두 권의 책을 읽고 조국 대한민국의 국가기도제목을 정확히 알게 됐다고 말했습니다. 2010년부터 매월 영적으로 씨름하면서 써왔던 글들이 '조국을 위해 울라'라는 이름으로 편집되어 나왔습니다. 이 책들이 계속해서 국가를 위해 기도하는 많은 분들에게 지침서가 되고 있다고 하니 감사한 일입니다.

지난 15년간 국가기도자로서 고심하면서 써왔던 글들을 다시 돌아보면서 느끼는 것은 그 당시 치열하게 국가를 위해 기도했던 기도제목들이 지금도 변함없이 동일한 국가기도제목이라는 것입니다. 그래서 '역사는 반복된다'라고 말합니다.

1945년 분단 이후 지금까지 전 세계 노예지수 1위인 북한 땅에서 김일성·김정일·김정은 정권의 노예처럼 살아가는 북한 동족들, 지금도 동성애 차별금지법을 막기 위하여 온 힘을 쏟고 있는 많은 교회와 단체들, 갈수록 더 심각해지는 낙태로 인해 속절없이 죽어나가는 수많은 태아들, 갈수록 늘어나는 무슬림 노동자들과 유학생들 그리고 전국적으로 확산되고 있는 모스크들과 이슬람 포교적인 다음세대 한국 교과서, 전 세계 최하위를 기록하는 출산율로 세계에서 제일 먼저 없어질 나라로 지명된 우리의 조국 대한민국…

이러한 조국의 성 무너진 데를 막아서서 기도하는 국가기도자로 부름받은 것은 영광스러운 것입니다. 가나안농군학교 초대교장이셨던 김용기 장로님은 "조국이여 안심하라. 내가 기도한다."라고 생전에 늘 선포하셨고 삶으로 실천하셨습니다.

1975년 베트남이 공산화된 후, 북한 김일성이 제2의 6·25전쟁을 일으키기 위해 중국의 모택동에게 군사지원을 요청했을 때, 한국 CCC를 설립하셨던 김준곤 목사님은 22명의 CCC 간사들과 40일 금식하며 조국 대한민국이 공산화되지 않기 위하여 간절히 기도했습니다.

주님은 지금 이 나라를 살릴 기도자들을 찾으십니다.

'조국을 위해 울라2'는 조국 대한민국과 한국교회의 회복과 부흥을 이루고, 통일선교한국을 이루어갈 기도용사들을 세우는 책입니다. '조국을 위해 울라2' 개정판이 나올 수 있도록 인도하여주신 주님께 중심으로 감사와 영광을 올려드립니다.

2023년 3월 24일 에스더기도센터에서
철야기도를 마치고…

서문

책을 펴내며

어느 목사님께서 집회 설교를 앞두고 기도를 하셨는데 기도 중에 눈앞에 큰 한반도 지도가 펼쳐지고 그 위에 주님의 얼굴이 나타났다고 하셨습니다. 그 예수님의 얼굴에서 눈물이 하염없이 흘러내렸고 그 눈물은 북한 땅 모두를 적셨다고 간증하셨습니다.

"지금도 예수님께서는 북한 동포들을 향하여 하염없이 눈물을 흘리시는데, 예수님을 사랑한다고 고백하는 우리에게는 과연 북한 동포들을 향한 눈물이 있습니까?"

북한 동포들을 사랑하시는 예수님의 마음을 담아 나르는 월간지 『JESUS ARMY』를 발행하면서 매달 책이 나올 때마다 발간사를 쓰는 일은 저에게는 특별한 부담이었습니다.

탈북민들을 섬기면서 참혹한 북한의 인권유린 소식을 들을 때마다 내 가슴도 미어지는 듯한 고통이 있는데, 나보다 북한 동포들을 더 사랑하시는 예수님의 마음은 과연 어떠하실까? 생각해 보았습니다.

월간 JESUS ARMY는 '북한구원 통일한국'을 이루기 위한 기도소식지였지만 남한의 상황도 만만치가 않았습니다. 외국인 근로인력으로 수많은 무슬림들이 몰려오고 있고, 인터넷상에서 안티기독교 세력에 의하여 교회가 심각하게 짓밟히고, 동성애 차별금지법이 국회에서 발의되고, 김일성주체사상을 신봉하며 선전 선동하는 조직적인 세력들 앞에서 한국

교회는 거의 무방비 상태라고 할 수 있습니다.

그래서 매월 월간지가 나올 때마다 국가적인 현실을 올바르게 분별하고 조국을 위하여 기도하므로 '거룩한 나라, 북한구원 통일한국, 선교한국'을 이룰 수 있도록 '기획특집'과 '발간사'의 방향을 잡아갔습니다.

발간사를 쓸 때마다 거의 매번 밤을 꼬박 새우며 글을 썼습니다. 낮시간과 저녁시간의 분주함을 내려놓고 한국교회를 향한 주님의 마음을 받아 글로 표현하고자 고심하며 노력했습니다. 바알에게 무릎 꿇지 않은 7천 명을 남겨놓으셨듯이 주님께서 조국을 위하여 기도하도록 세우신 국가기도자들에게 적합한 기도정보와 기도의 길잡이가 되도록 매달 그 시점에서 꼭 필요한 주제와 내용을 다루도록 힘썼습니다.

<조국을 위해 울라 2>는 이렇게 쓰여진 24개월의 발간사 모음집입니다. 국가적인 상황과 기도제목을 정리하면서 특별한 기도의 헌신이 없이는 이 민족을 살릴 수 없다고 생각했습니다. 그래서 함께 모여 회개하며 금식기도를 드렸고, 또 기간을 정하여 함께 철야기도를 드렸습니다. <조국을 위해 울라 2>는 이와 같은 상황에서 만들어졌습니다.

우리의 조국 대한민국은 임박한 통일을 앞두고 중요한 기점에 있습니다. 북한동포들이 자유롭게 예수 믿고 주님께 예배하는 날이 속히 오도록, 북한 땅 방방곡곡에 피 묻은 그리스도의 복음이 전해지고, 남북한 성도들이 함께 손을 잡고 땅끝까지 복음을 들고 달려 나가는 영광스런 통일한국이 속히 오도록 기도합니다.

<조국을 위해 울라 2>가 이 일에 쓰임 받을 수 있도록 주님께 올려드립니다.

목차

추천사 젊은 기도꾼들이 기도로 나라를 지켜야 합니다 | 3
방향타가 되고 전략 지침서가 되길 바라며 | 6
서 문 개정판을 내면서 | 8
책을 펴내며 | 12

01. 악한 자의 입으로 말미암아 무너지느니라 (잠 11:11) | 19
02. 교회와 국가 무너뜨리는 '나꼼수' Ⅱ | 41
03. 몰락하는 나꼼수와 한국교회의 인터넷 전략 | 59
04. 좌로나 우로나 치우치지 말고 | 77
05. 무엇으로 심든지 그대로 거두리라 | 87
06. 하나님의 통일전략, '통일광장기도회' | 103
07. 거룩한 통일한국 이룰 차기 대통령 | 119
08. 무죄한 피 곧 그들의 자녀의 피를 흘려 (시 106:38) | 137
09. 이 민족을 살리는 연합금식기도 | 151
10. 이 민족을 위한 기도의 제물들 | 167
11. 예수님 생일 선물 | 177
12. 탈북하신 예수님 | 185

13. Let My People Go! 내 백성을 보내라 (출 8:1) ｜ 193

14. 세 번째 시도, '2013 차별금지법' ｜ 219

15. 거룩한 선진한국 ｜ 209

16. 다시는 죄를 범하지 말라 (요 8:11) ｜ 221

17. 그리스도 예수의 좋은 병사 ｜ 235

18. 하루 네 번 북한을 위해 기도하는 어린이들 ｜ 241

19. 십년클럽 ｜ 247

20. 기로에 선 조국과 한국교회 ｜ 257

21. 백성의 피요, 백성의 기름이라… ｜ 267

22. 예수님께 드렸던 세 번의 생신선물 ｜ 281

23. 하나님의 통일전략, '북한구원 금식성회' ｜ 289

24. 하나님의 소원 '통일' ｜ 301

1

악한 자의 입으로 말미암아 무너지느니라 (잠 11:11)

2012년 3월호

…이 할례 받지 않은 블레셋 사람이 누구이기에
살아 계시는 하나님의 군대를 모욕하겠느냐

(삼상 17:26)

악한 자의 입으로 말미암아 무너지느니라 (잠 11:11)

2012년 3월호

"한국교회는 일종의 범죄 집단…"

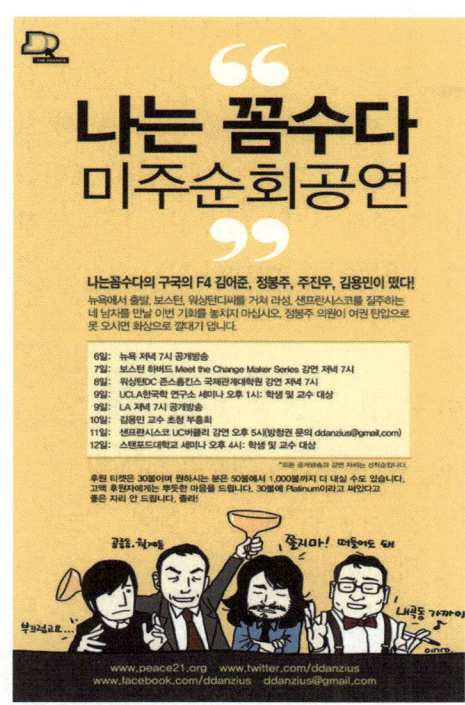

나꼼수 미주순회공연 포스터

'목사 아들 돼지'라는 김용민 씨가 <나는 꼼수다> 공연을 위해 미국을 방문했을 때 트래비스 리(자유기고가)와 나눈 인터뷰 내용이다.

"…오늘날 한국교회는 일종의 범죄 집단과 다르지 않다고 생각한다. …한국 교회는 척결의 대상일 뿐, 애증이라는 표현을 쓰기는 아깝다고 본다."

- 출처: [인터뷰] 나꼼수 김용민 교수, "누가 정권 잡아도 무너질 개신교"

나꼼수의 4인방 중 하나인 김용민 씨는 처음에는 극동방송에서, 그 다음에는 기독교TV에서 해고를 당했고, 그 후로 오기가 생겼다고 한다. 김씨는 목사의 아들이고 <뉴스앤조이> 편집장을 역임했으며 나꼼수에서는 소위 '기독교통'으로 알려져 있다.

거절당한 목사 아버지의 당부...

'목사아들 돼지' 김용민

2012년 1월 21일 3회 방송 나꼼수 내용 중에는 다음과 같은 대화가 나온다. 은퇴하신 아버지 목사님께서 아들 김용민 씨에게 전화하여 방송 중 욕설 사용을 염려하며 조심하라는 당부의 말씀을 전하셨다고 한다. 김씨는 이 내용을 소개하면서 오히려 글로 옮기기도 민망한 성적인 욕설을 섞어가며 예수님의 표현을 우스갯소리로 만든다. 연로하신 아버지께서 사랑으로 부탁한 당부는 짓밟히고 말았다. 이 부분에 대한 방송 내용 녹취는 아래와 같다.

[2012년 1월 21일 봉주 3회 中 녹취]

김용민: 저희 아버님이 지난주 방송을 들으시고 걱정을 하셨습니다. "아니~ 장래에 니가 하나님을 위해서 일을 해야 되는데… 너무 욕이 지나치다. 씨발이 뭐냐?"
누군가: 이히히히히히히
김용민: "X같다~' 이거는 너무 과하다."

다같이: 꺄하하하하하~

김어준: 아버님이 전화했어?

김용민: 예~에! 그러면서…

김어준: 아버님이 그래서 뭐라고 했어?

김용민: 기독교적인 욕이 없냐고.

김어준: 기독교적인 욕? 푸하하하하하하!

김용민: 근데 내가 생각했을 때, 아니 왜 '옛날에 예수의 진짜 모습은 이랬을 것이다' 해 가지고, 굉장히 투박하고 굉장히 시골스러운 그런 모습을 가진 사람이 예수일 것이다… 뭐 이런 게 옛날에 그림처럼 나왔잖아요. 그런 것으로 봐서는 예수가 만약에 한국 땅에서 태어났다면은 사투리를 썼을 것이다. '왜 이~씨발!'

다같이: 끄히히히히히 꺄하하하하하!

김용민: "이 독사의 자식들"이 아니라, "왜 이~ 씨발~ 개새끼들이 말이여!" (사투리로)

다같이: 푸하하하하하하!!!

김용민: 알지~!?

김어준: 아으~ 자식들

김용민: "이 개의 새끼들이 말이여~" (사투리로)

다같이: 꺄하하하하하하!!!

김용민: 틀림없이 그랬을 꺼다! 난 확신합니다. 예! 독사의 자식들하고 개의 새끼 하고 뭐가 달라, 도대체? 어? 개는 그래도 착하기라도 하지!

김어준: 그래서 아버님이 앞으로 독사의 자식들이라고 욕하래?

김용민: 그래야 될 것 같아. 앞으로, 당분간.

주진우: 독사의 자식들? 푸하하하하!

주진우: 아무튼 요새 김 교수가 어~ 욕도 하고…

김용민: 아휴~ 너무 항의를 많이 받고 있어!

주진우: 너무 하드 코어다. 하드 코어의 욕을 한다고?

김용민: 어떤 뭐 보수단체에 있는 사람 같아요. 저를 뭐 악의 구렁텅이에 빠져 있다고. 그래서 제가 댓글을 썼습니다. "부디 X까세요!"

다같이: 푸하하하하하하하하! (다 같이 박수 치며)

김어준: 그런 애들 대꾸해 주지 마~~ 푸하하하하하하하!

김용민: 그랬더니 바로 저를 고소하겠다고…. 음란 유포죄 뭐 그런 게 있나?

다같이: 푸하하하하하하하하!

김어준: 야이 씨발놈들아! 수술한 사람들 다 음란죄야? 이 씨발! 그러면 아니 근데 '깠다' 그런 얘기는 그만해! 나 연관 검색어에 그런 거 떠!

다같이: 푸하하하하하하하하!

'목사 아들 돼지' 김용민의 계속되는 목사 모독

[2012년 2월 10일 봉주 5회 녹취]

김용민: 음담패설을 일삼는 목사 아들 돼지 김용민입니다. (다같이: 히히히히 하하하하) 저희 아버지가 말이죠, 아들이 좌파인 거는 뭐 그런대로 불편하지 않으셨다고 합니다. (흐

> 흐흐흐 하하하핫) 근데 목사 아들이…
> 누군가: 으흐흐 성희롱 돼지가 된 거야?! 으하하핫~
> 김용민: "나의 목회 인생 40년의 의미를 돌아봤다." (아버지 독백 흉내)
> 다같이: 으하하하하하하! 으잇~
> 김용민: 아우~ 너무 웃겨 나는…!
> 김어준: 맨날 "X까! X까!" 그러는데 강연은 목사님들 앞에서 해. 흐하하하하하!
> 김용민: 목사님들이 너무 좋아하시더라고…. 흐흐흐흐하하하! 목사님들 제가 성대모사 하겠습니다.
> "X까!" (목사님들 음성 흉내) (하하하하하하하~!) 이러면 아주 그냥 뒤집어져 목사님들이~!
> 김어준: 이 천박한 새끼! 흐흐흐하하하하~

찬송가 가사 바꿔 부르며
하나님과 교회를 조롱하는 나꼼수

<나는 꼼수다>에서는 책들을 출판하면서 광고 CM송으로 교회에서 많이 불리는 '변찮는 주님의 사랑과'(270장), '예수 십자가에 흘린 피로써'(259장), '마귀들과 싸울지라'(348장), '무덤에 머물러'(160장), '나의 죄를 씻기는'(252장) 등의 찬송가를 기독교를 모독하는 내용으로 개사하여 부르고 있다.

"MB 각하 여러 가지 죄악을 그대는 알고서 믿는가" (259장)
"주 기자와 싸우려고 피켓 들은 형제여" (348장)

"찍었네 찍었네 돼지 씹새 찍었네" (160장)
"부디 X까세요" (중간 멘트)

일반인들을 대상으로 하는 인터넷방송에서 기독교 찬송가를 모독하며 하나님의 이름을 짓밟는 일들을 당당하게 행하는 이들은 과연 누구인가?

[2012년 2월 22일 봉주 6회 녹취]

방송 중 찬송가를 개사한 광고 메들리

1. 변찮는 주님의 사랑과 (270장)

김어준이 만든 정치교양서 『닥치고 정치』 "쫄지 마!"

2. 예수 십자가에 흘린 피로써 (259장)

위대한 융합지도자 정봉주의 정치비망록 『달려라 정봉주』
"좁은 감옥에 눕는 순간 우주가 열립니다."

3. 마귀들과 싸울지라 (348장)

불의한 세력에게만 사탄인 주진우
그가 참여하는 시사주간지 『시사IN』 "정통!"

4. 무덤에 머물러 (160장)

목사 아들 돼지 김용민의 책
『조국 현상을 말한다』『나는 꼼수다 뒷담화』『보수를 팝니다』
"부디 X까세요!"

5. 나의 죄를 씻기는 (252장)

나는 꼼수다 1회부터 '18'회까지 담았다!
『나는 꼼수다 에피소드 1』
"대단히 감사합니다."

2011년 나꼼수가 시작된 이래로 1년이 되도록 하나님의 이름과 교회가 이렇게 모욕을 당하고 짓밟히는데, 남한 땅의 6만 교회는 그동안 무엇을 했는가? 10만여 명의 목회자들과 1천만 성도는 어디에 있는가?

골리앗이 하나님을 모욕하고 이스라엘 군대를 조롱하며 싸움을 걸어도 사울 임금과 모든 이스라엘 군대가 맞아 죽을까 봐 두려워하여 아무도 나서지 못했던 것 같이 오늘의 한국교회와 성도들이 이러한 모습일까?

> …내(골리앗)가 오늘 이스라엘의 군대를 모욕하였으니 사람을 보내어 나와 더불어 싸우게 하라 한지라 사울과 온 이스라엘이 블레셋 사람의 이 말을 듣고 놀라 크게 두려워하니라 (삼상 17:10-11)

주님을 자신의 생명보다 더 사랑한다고 눈물 흘리며 찬송하던 수많은 성도들은 지금 나꼼수 앞에서 어디에 있는가? 이 시대에 다윗은 누구인가? 자신의 생명보다 하나님의 명예를 더 소중히 여겨서 적장 골리앗을 쳐 죽이기 위해 물맷돌을 들고 뛰어나가는 소년 다윗이 지금 한국교회에는 없는가?

> …이 할례 받지 않은 블레셋 사람이 누구이기에 살아 계시는 하나님의 군대를 모욕하겠느냐 (삼상 17:26)
> 다윗이 블레셋 사람에게 이르되 너는 칼과 창과 단창으로 내게 나아 오거니와 나는 만군의 여호와의 이름 곧 네가 모욕하는 이스라엘 군대의 하나님의 이름으로 네게 나아가노라
> …돌을 가지고 물매로 던져 블레셋 사람의 이마를 치매 돌이 그의 이마에 박히니 땅에 엎드러지니라 (삼상 17:45, 49)

국가 원수 모독하는 나꼼수

나꼼수에서 계속 비중 있게 다루는 주제는 이명박 대통령을 비하하며 희롱하는 것이다. 이명박 대통령을 '가카'(각하)라고 표현하며, 이명박 대통령 음성을 합성하여 사람들에게 웃음거리가 되도록 가상 메시지를

내보낸다. 올해 1월과 2월에 각각 내보냈던 이명박 대통령 메시지는 아래와 같다.

[2012년 1월 21일 봉주 3회 녹취]
– 이명박 대통령 가상 신년 메시지

(이명박 대통령 목소리를 모사하여)
안녕하십니까? 설 연휴가 시작되는 날 명박이가 이렇게 인사를 드립니다.
온 가족이 함께 모여 서로 뒤엉켜 심한 몸싸움을 벌이는 설 명절 되기를 바랍니다. 빨리 돈을 벌어서 부자가 돼야겠다는 이것이 대통령으로서 제 존재 이유이자 목표입니다.
제게 다른 무슨 욕심이 있을 수 있겠습니까?
일부 감세정책 때문에 정부가 부자를 위한 정책을 쓴다는 비판도 있지마는 사실 이 정부 들어와서 추진한 감세의 약 70% 가까운 혜택은 저에게 돌아왔습니다.

특별히 견디기 어려운 상황 속에서도 하루하루를 살아가시는 서민 여러분,
남들 쉴 때 쉬지 못하는 소방대원과 경찰관 여러분,
…
제가 전과 14범이라는 평가를 받고 있습니다.
…
서민 여러분, 주야간 2교대 열두 시간씩 열심히 함께 노력해 주기를 기대합니다.

저는 가족들과 함께 서로 뒤엉켜 심한 몸싸움을 벌이는 계획을 세워 놨습니다.
감사합니다.

[2012년 2월 22일 봉주 6회 녹취]
지금부터 이명박 대통령의 속마음 연설을 보내드립니다.

(이명박 대통령 목소리를 모사하여)
국민 여러분, 안녕하십니까?
… 졸라 행동하지 않는 명박이가 이렇게 인사를 드립니다.
정말 여러분과 같은 따뜻한 국민의 대통령이라는 사실이 전 한없이 부끄러웠습니다.
<u>최근 중학교 학생이 청와대 홈페이지에 올린 글을 봤습니다.
아빠가 월급도 제대로 받지 못하고 있고 엄마도 장사가 안 돼 한숨만 쉰다는 내용이었습니다. 정말 하나님께 감사를 드립니다!
(청중들 "아멘!")</u>

최근 여느 비리 사건을 보며 국민 여러분의 심려가 졸라 큰 것을 잘 알고 있습니다.
하지만 근간의 힘으로는 어쩔 도리가 없는 불가항력이었습니다.
인내하고 이해해 주셔서 정말 고맙습니다.
사실 제가 청와대에 진출하지 않았다면 저는 지금쯤 아마 조폭 보스는 못 돼도 중간 보스 정도는 되었을 것 같습니다.

그런 면에서 저는 국민 앞에 다시 한번 제 결심을 다지고자 합니다.
금년 한 해 저는 무슨 정책을 내놔도 계속 반대만 하는 사람들을 보면서 졸라 분노를 금할 수가 없습니다.
반드시 응분의 대가를 치르게 할 것입니다.
졸라 감사합니다.

최근에 베스트셀러가 된 책 『나는 꼼수다』에 대한 명진 스님의 추천의 글에서조차 대통령을 짓뭉개고 있으니 국가의 권위와 질서가 심각하게 위협받고 있는 상황이라고 할 수 있다.

나꼼수 여의도공원 콘서트 포스터. 이명박 대통령을 상징하는 쥐꼬리를 이미지로 사용했다.

출판된 『나는 꼼수다』에 대한 '추천의 글'
– 전 봉은사 주지 명진

…불의한 MB 시대의 어떤 곳에서도 들을 수 없는 진실을 '나꼼수'에서 속 시원히 들을 수 있다. …나라를 팔아먹고 국민을 괴롭히는 짓만 하는 '국민 웬수 MB'에게 '나꼼수'의 욕지거리는 오히려 양반이다. …

정봉주 전 의원이 감옥에 가면서 무상급식을 운운한다. 감옥에 가면 무료로 식사를 하니 무상급식이라고 말한다. 자기가 먹어 본 이 무상급식을 존경해 마지않는 '가카'께도 먹이겠다고 말한다. 쉽게 말하면 이명박 대통령 임기 후에 감옥에 보내겠다는 뜻으로 볼 수 있다.

[2012년 1월 1일 녹취]

올해 꼭 승리해서 정말 정권을 되찾아 오고
다시는 우리 가카 같은 존경해 마지않는 인물이 역사에 다시 드러나지 않고 가카께 무상급식을 해 줄 수 있는…. (감옥에서 콩밥 먹게 하겠다는 뜻)
그렇지 않아도 내가 먹어 보는 거요, 무상급식이 먹어 볼 만한가. (정봉주 본인이 현재 감옥에 수감 중이므로 먼저 감옥 밥을 먹고 있다는 뜻)
내가 먼저 먹어 보고 그 다음에 가카께 무상급식을 할 수 있는 그런 기회를 맞이하도록 하겠습니다.

4월 국회의원 선거와
12월 대통령 선거에 사활을 건 나꼼수

나꼼수의 중요한 특징 중 하나는 올해 4월 11일 총선과 12월 19일 대선에 집중하고 있다는 것이다. 매번 방송 청취자들에게 인식시키고 있는 주요 시사점은 4월 국회의원 선거에서 나꼼수의 영향력으로 야당에서 50석 정도는 추가 확보한다는 것이다. 국회의원 과반수는 물론 개헌이 가능한 200석 이상도 해 볼 수 있다는 것이다. 12월 대통령 선거에서는 "다시는 우리 각하 같은 존경해 마지않는 인물이 역사에 다시 드러나지 않도록" 반드시 정권을 탈환하겠다고 한다. 반복적으로 강조하는 내용들은 아래와 같다.

"올해는 4월 11일 총선에서 저희가 정말 이기는 싸움을 하는 그런 해입니다!"
"12월에는 정권을 탈환하는 해입니다!"
"한나라당에 반대하는 모든 정당이 하나로 손잡고 되는 그런 4.11 총선입니다."
"4.11 총선에서 꼭 이렇게 극악무도한 한나라당 정권 심판을 좀 하자…"

[2012년 1월 1일 봉주 1회 녹취]

2012년 임진년 새해를 맞아 정봉주 전 의원이 애청자와 국민 여러분에게 드리는 메시지입니다.

꼼수 애청자 여러분 안녕하십니까? 2012년 드디어 승리의 새해가 밝았습니다.
어 저는 감옥 열심히 잘 살고 있고요.
감옥에서 꼼수교 지금 잘 전파하고 있습니다.
올해는 4월 11일 총선에서 저희가 정말 이기는 싸움을 하는 그런 해입니다!
12월에는 정권을 탈환하는 해입니다!
여러분들이 힘이 좀 부치실 것 같기에 제가 이렇게 격려의 말씀을 통해서….
제 말씀 한마디면 또 총선에서 40~50석은 확 늘어나는 것 아닙니까? (뭐가 늘어나~~ 하하하하)

[2012년 1월 21일 봉주 3회 녹취]

민족의 명절 설날을 맞아 정봉주 전 의원이 국민 여러분에게 드리는 메시지입니다.

정봉주: 어 벌써 설날이 다가왔어요. 어, 가족들하고 오손도손 앉아갖고 이제는 이번 4월 11일 총선에 어떤 좋은 정당에 투표할까?
<u>한나라당에 반대하는 모든 정당이 하나로 손잡고 되는 그런 4.11 총선입니다.</u>
여러분들이 이번 설날에 가족들의 안부도 묻고 가족들과 사랑도 나누면서, <u>4.11 총선에서 꼭 이렇게 극악무도한 한나라당 정권 심판을 좀 하자 이런 얘기를 나눴으면 좋겠습니다.</u>
세뱃돈은 여러분들이 사식(감옥 수감자에게 외부에서 보내는 음식)위원회에 무통장 입금해 주시길 바라겠습니다.

[2012년 2월 10일 봉주 5회 녹취]

지난해 12월 입감 직전에 정봉주 전 의원과 문재인 노무현재단 이사장과의 통화 내용입니다.

정봉주: <u>여보세요. (크흐흐흐흐하하하하하하) 안녕하세요? (하하하) 정봉주 18대 대통령 후보입니다. (흐으하하하하하하하하)</u>
예 이사장님. 그래도 제가, (흐으흐흐흐흐) '구속된 정봉주

가 살아 있는 시민들을 구원한다.' (흐흐흐) 마, 이런 심정으로 열심히 징역 살겠습니다. (하하하하핫하하하)
예 근데, 이제 항간에 떠도는 소문이 그 우리 이사장님은 정봉주 구속 투쟁을 열심히 안 할 것이다. 왜냐면 대권주자로서 아주 강력한 상대로 급부상하고 있기 때문에 (흐아하하하하하하 말도 안 되는 소리 하고 있어~) 그냥 징역을 일 년 살리지 않겠느냐. (흐아하하하하하하하하~ 개판이야 개판! 아이씨~)
<u>새로 만들어진 정당에서 인제 또 이번에 한 민주당 자체적인 힘으로 하면 150~160석 정도 예상이 되는데, 감옥에서 이제 제가 쪼금 활동하면 200석 넘지 않겠는가?</u> (아하하하하하하하) 아 그렇게 생각하고 있습니다. (흐으~)
예예 이사장님 들어가세요~.

나꼼수의 전략적 특징

나꼼수의 주요 특징들을 요약하면, <u>첫 번째로 기독교를 대적하며 전 국민을 안티기독교화 하는 것이다.</u> 트래비스 리와의 인터뷰 제목 '누가 정권 잡아도 무너질 개신교'에서 볼 수 있듯이 교회가 무너지는 것이 그들의 중요한 목표이다. 그래서 교회를 '범죄 집단'이며 '척결의 대상'이라고 말하고 목사들에게 입에 담지 못할 쌍욕을 하고 찬송가 가사를 변조하며 하나님과 교회를 조롱한다.

<u>두 번째로 패륜적이다.</u> 욕을 자제하라는 은퇴하신 목사 아버지의 당부를 오히려 비웃음거리가 되도록 더 심한 쌍욕과, 차마 성도의 입으로 옮

기기도 어려운 성적인 욕설로 대꾸한다. 자식을 사랑하여 권면하는 연로한 아버지를 부끄럽게 만드는 방송을 수많은 젊은이들이 들을 때, '네 부모를 공경하라'(출 20:12)는 주님의 십계명은 땅에 떨어지는 것이다.

세 번째로 역대 대통령들과 현직 대통령을 비하하며 공직자들(김문수, 정몽준 등)에게 쌍욕을 마구 내뱉음으로 국가의 권위를 짓밟고 국가의 근간을 뒤흔드는 것이다. 청년들이 이것을 듣고 같이 낄낄거리며 웃고 즐기는 동안, 사단은 그들에게서 이 사회의 권위자들에 대한 존경과 감사의 마음을 다 도둑질해 가고 있다. 다음 세대를 패역한 세대로 만들며 이 나라의 기초를 뿌리째 뒤흔드는 사단의 궤계이다.

네 번째로 총선과 대선에서 현 정권을 타도하고 집권하고야 말겠다는 강력한 의사를 표출하는 것이다. 방송을 듣는 모든 이들이 나꼼수가 원하는 대로 투표하도록 반복적인 발언을 통해 머릿속에 각인시키며 조종하고 있다. '봉주법'을 만들어 정봉주 전 의원이 사면을 받고 4월 총선에 출마할 수 있도록 숱한 노력을 기울였으며, 심지어 18대 대통령 후보 정

한미 FTA 반대 나꼼수 여의도광장 공연 (2011. 11. 30)

봉주라는 말도 서슴지 않고 방송하고 있다. 나꼼수 핵심 멤버들의 정치권 진출을 위해 이 방송을 교두보로 사용하는 것이다.

<u>마지막으로 거짓과 선동, 그리고 심각한 역사왜곡을 통해 이 나라와 다음 세대를 매우 빠른 속도로 잠식해 가는 것이다.</u> 그런데 조국과 우리의 자녀들을 지키기 위해 거짓과 선동에 맞서 진리를 선포하는 용기 있는 자들을 좀처럼 찾아보기 어렵다.

악한 자의 입으로 말미암아 무너지느니라

나꼼수는 지난 2월, 유권자 중 일천백만 명 이상이 자신들의 방송을 듣는다고 방송했다. "나꼼수는 단순한 '열풍'과 '대세'가 아닌 우리 시대의 '상식'이 됐다"라고 주장한다. 많은 목회자들과 성도들이 무관심하고 안일한 틈을 타서 대다수의 국민은 나꼼수에 의해 하나님과 교회를 우습게 여기며 안티기독교인이 되어 가고 있다.

> **성읍은 정직한 자의 축복으로 인하여 진흥하고 악한 자의 입으로 말미암아 무너지느니라** (잠 11:11)

이 땅의 교계 지도자들과 오피니언 리더들이 이 시대의 파수꾼적인 역할을 감당해야 한다. 이들이 조국을 축복하지 못할 때, 나꼼수의 방송에서 나오는 패륜적이고 참람한 말들로 국가가 무너져 내리게 된다.

성경은 우리에게 한 사회가 잘되기 위해서는 올바른 자들의 축복이 필요하다고 말씀하고 있다. 동시에 악한 자들이 악한 말들을 그 입에서 거침없이 토해내면 그 사회는 멸망한다는 것이다. 잘못된 말들이 염병같이 돌아서 온 국민이 패역해짐으로 이 땅에 하나님의 심판과 저주가 임하지 않도록 한국교회는 이제 악한 자의 입을 막아야 하고, 이 사회와 우리 자녀 세대를 사랑과 진리로 축복해야 한다.

악한 자의 입을 막기 위해서는 골리앗의 참람한 말을 그치게 하기 위하여 물맷돌을 들고 뛰어 나갔던 다윗의 용기와 성령의 권능이 필요하다. 나꼼수에서 외치는 "쫄지 마!"는 영적 원리에 있어서 오히려 한국교회가 새겨들어야 할 말이다. 나꼼수나 불의한 세력들이 두려워서 입 다물고 서 방관하거나 침묵하고 있다면 조국이 무너지는 그날 우리 모두는 화를 면치 못할 것이다.

마귀를 대적하라 그리하면 너희를 피하리라

성경은 우리에게 마귀를 대적하면 마귀가 우리를 피해 간다고 말한다. 그런데 오늘날 교회와 성도들은 마귀가 무서워서 피해 도망가다가 마귀한테 뒤통수를 맞고 피를 토하며 쓰러지고 있다.

> **너희는 하나님께 복종할지어다 마귀를 대적하라 그리하면 너희를 피하리라** (약 4:7)

주님은 우리에게 뱀과 전갈을 밟으며 원수의 모든 능력을 제어할 권능을 주셨는데, 우리가 두려움에 잡혀 마귀의 눈치만 보며 비위를 맞추려고 한다면 오히려 마귀의 종이 되고 죄의 노예가 되고 말 것이다.

> **내가 너희에게 뱀과 전갈을 밟으며 원수의 모든 능력을 제어할 권능을 주었으니 너희를 해칠 자가 결코 없으리라** (눅 10:19)

이제는 용감하게 일어나서 주님이 주신 권능으로 악한 자의 입을 막아야 한다. 수많은 이 땅의 젊은이들이 나꼼수의 거짓과 선동으로, 광야에서 불뱀에 물린 사람들처럼 영혼이 병들어 죽어가고 있다. 이들을 진리와 정의로 해독시키지 않는다면 우리와 우리 자녀 세대들은 함께 망하게 될 것이다.

마지막으로 나꼼수 최고의 목표인 국회의원 선거와 대통령 선거에 우리의 초점이 있어야 한다. 불의한 자들이 국회의원 다수가 되고 더 나아가 대통령까지 된다면 '악한 자의 입으로 말미암아 무너지느니라'라는 성경 말씀대로 우리의 조국은 무너지게 될 것이다.

총선과 대선이 임박했다. 위기는 곧 기회이다. 이 선거에서 하나님을 경외함으로 동성애와 음란을 막아서고 북한 동포들을 구원하며 통일한국·선교한국을 이룰 자들이 선출되도록 최선의 노력을 해야 한다. 조국과 교회가 함께 망하지 않도록 어떠한 값을 치르더라도 마귀의 궤계를 파하겠다고 결단해야 한다. 사단의 가장 큰 권세는 사망이다. 우리가 죽음을 불사하고 이 민족을 살리기 위하여 사단을 대적한다면 성경 말씀대로 사단은 우리를 피하여 도망갈 것이다.

누가 거룩과 진리의 물맷돌을 들고 뛰어나가 거짓과 선동으로 이 나라를 삼키려는 마귀의 세력을 깨뜨릴 것인가?

주님께서는 지금 이러한 사람들을 찾으신다.
이제 헌신된 군사들이 연합하여 예수군대를 이루어 이미 시작된 전쟁에 달려나가야 한다.

2

교회와 국가 무너뜨리는 '나꼼수' II

2012년 4월호

성읍은 정직한 자의 축복으로 인하여 진흥하고
악한 자의 입으로 말미암아 무너지느니라

(잠 11:11)

교회와 국가 무너뜨리는 '나꼼수' II

2012년 4월호

나꼼수 축도 : "우리 쥐 꼼수 그리스도의…"

<나는 꼼수다> 방송은 갈수록 막 나가고 있다. 하나님을 조롱하고 교회를 짓밟고 목회자들에게 "X까!"(남자 성기에 대한 쌍스러운 욕설) 등 −2012년 2월 10일 봉주 5회− 을 남발한다. 하나님과 이스라엘의 군대를 조롱했던 골리앗의 수준을 훨씬 능가한다고 생각된다. 아래의 글은 찬송가를 개사하고 목사도 아닌 자가 축도를 한다고 하면서 하나님과 교회의 이름을 모독하는 나꼼수 방송내용을 녹취한 것이다.

> **[2011년 10월 24일 25회 녹취]**
> 야당 얼굴마담 초청 관훈토론회
> 김어준: 지금부터 야권 얼굴마담 초청 관훈토론회를 시작하겠습니다. 오늘은 제가 사회가 아니라 '목사 아들 돼지'가 사회를 진행하도록 하겠습니다.
> 김용민: 안녕하십니까?

이정희(통합진보당 공동대표): 할렐루야.

김용민: 저는 예수교장로회 통합측 원로목사인 김태봉 목사의 첫째 아들 김용민입니다. (웃음) 드디어 사회권을 잡았습니다….

김용민: 제가 목사 아들로서 오늘 이 주도권을 그냥 넘길 수 없습니다. 우리가 이 시간 특별 찬양예배를 드리고 본 순서에 들어가도록 하겠습니다. (으하하하하하하)

자 꼼수 그리스도 특별 찬양 예배를 드리겠습니다. 다 함께 찬송가 747장 '내곡동 가까이' 함께 제창하시겠습니다.

합창: 내곡동 일대를 사려 함은 (으하하하하하)

십자가 짐 같은 그린벨트 (으하하하하하)

내 일생 소원은 재테크하면서 (으하하하하하)

재벌이 되기를 원합니다 (으하하하하하)

내 주를 가까이 하게 함은(388장)

...

김용민: 자 축도함으로써 저희가 예배를 마치겠습니다. (으하하하하하하)

어허~경건하게! 지금은 우리 쥐 꼼수 그리스도의 노후 대책과 그의 외아들 이시영 팀장(MB 장남)의 차명 매입과 그의 마누라 김윤옥 권사의 풍수지리 조사가, 내곡동 사저터의 뒤탈 없는 매입과 재테크가 지금부터 영원토록 함께 하시길 원합니다.

모두: 아~멘~! 으하하하하하하하하!!!! 으하하하하하!!!

지난 3월 12일 국인일보 파업 대부흥회에 목사 복장을 하고 참석한 김용민(좌)과 통합진보당 공동대표 유시민(우)

짓밟히는 국가원수들

나꼼수에서는 계속해서 전직 국가 원수들을 모독하고 허위 사실을 유포하며 거짓과 선동과 쌍욕으로 전직 대통령들을 짓밟고 있다. (교회와 국가 무너뜨리는 '나꼼수'/월간 지저스아미 1월호 발간사 참조) 이제 이 땅의 청소년들은 대한민국은 태어나지 말았어야 될 나라라고 말하고 있다. 지난 1월호에 다루었던 이승만 대통령과 박정희 대통령에 대한 나꼼수의 모독적인 내용에 이어 이번에는 김대중 대통령에 대해 최근에 방송된 내용을 다루고자 한다.

[2012년 3월 11일 봉주 8회 녹취]

김대중 전 대통령(성대모사: 김용민): 주진우, 주진우의 기사는 정말 X같아!

김어준: 하하하하하하하

...

김대중 전 대통령(성대모사): 에~ 안녕하십니까? 에 사랑하는 재철아. 야 씨발 후레자식이 무슨 욕이야 씨발.

주진우: 그럼 뭐가 욕입니까?

김대중 전 대통령(성대모사): 에 진정한 욕은 씨발놈아. 에라이 X만한 새끼야. 이게 욕이지. 어디서 후레자식이 욕이여.

박근혜 대표(성대모사: 김용민): 안녕하십니까? 박근혜입니다. 그만 좀 파업해라. 씨발놈들아.

모두: 하하하하하하하하

'쥐박이'로 불리는 이명박 대통령은 나꼼수 방송에서 애용되는 단골소재이다. 쥐(이명박 대통령 지칭)를 죽이기 위해서 쥐약을 선전한다. 또 이명박 대통령의 음성을 흉내낸 가상 연설이 계속 방송되고 있는데, 대통령을 비하하고 조롱거리로 만드는 내용들이다. 국가원수에 대한 심각한 명예훼손이며 국가의 질서와 권위를 고의적으로 무너뜨리는 반국가적 행위다. 최근 국가원수모독죄(형법 104조 2항)가 부활되어야 한다는 의견이 비등하고 있다. 전 세계에서 국민이 직접 뽑은 현직 국가원수가 이렇게 희롱을 당하는 나라가 있을까?

[2011년 6월 10일 5회 녹취]

CM송 개사: (차두리 '간 때문이야' 패러디) 여러분, 피곤하시죠? 저 차두리가 노래 한곡 틀어 드릴게요.
쥐 때문이야 ♬
쥐 때문이야 ♬
피곤한 쥐 때문이야 ♬
피곤한 쥐 때문이야 ♬
(대한광고 버전) 단 한 번의 적은 양을 먹어도 쥐가 죽게 되며 사용도 아주 간편합니다. 쥐가 잘 먹는 쥐약,
(차두리 목소리) 쥐루~사!
(판피린 광고 여자 성우 버전) 가까운 농협이나 약국에서 구입하세요~!

[2011년 6월 3일 4회 녹취]

김용민: 이명박 대통령에 대한 비난 광고도 받습니다.
"우리 이명박 대통령은 '주옥같은' 대통령이다." 이걸 빨리 해 가지고 "이명박은 'X같은' 대통령이다." 네 이제 하하하하 이런 광고도 받습니다.

[2012년 2월 10일 봉주 5회 녹취]

지금부터 이명박 대통령의 속마음 연설을 보내드립니다.

(이명박 대통령 목소리를 모사하여)

국민 여러분, 안녕하십니까? 졸라 꼼꼼한 명박이가 이렇게 인사를 드립니다. 뜻밖의 한파로 어려움을 겪고 계실 국민 여러분께 졸라 축하합니다. 제가 전과 14범이라는 제 경험으로 볼 때, 강한 자와 약한 자, 부자와 가난한 자, 큰 기업과 작은 기업이 서로 협력해서 함께 발전하는 따뜻한 사회는 모두가 망하는 길입니다, 여러분!

시장을 돌아보는데 40년을 넘게 리어카 장사를 하다가 이번에 겨우 임시 가게를 얻었단 할머니는 저를 보자마자 눈물을 글썽이며, "정말 장사가 안 돼요." 하면서 이야기하길래 우리 모두 다 함께 웃었습니다. "제가 경제 하나는 졸라 확실히 살려 놓겠습니다"고 말했습니다.

…

병역상의 편법이나 탈법, 소득 탈루와 상습적 세금 체납, 임금 체불과 하도급 근로자에 대한 부당 대우, 이것이 제 목표이자 우리의 목표라고 할 수 있습니다.

졸라 감사합니다. 고맙습니다.

[2012년 2월 28일 봉주 7회 녹취]

지금부터 이명박 대통령의 속마음 기자회견을 보내드립니다.

…

주진우: … ('퍽!' 하는 소리)
　　　　가카, 왜 홍보수석 쪼인트를 까나요?
　　　　다음 질문 드리겠습니다.
　　　　비리인사만 골라 쓰는 이유가 뭔가요?
이명박: 에, 저는 이 인사문제에 관해서는 목표가 같고 뜻이 같아서

> 비리를 저지를 능력이 있으면 어느 누구도 쓸 수 있다!
>
> …
>
> 주진우: 마지막으로 이상형이 누군지 궁금합니다.
>
> 이명박: 이 질문이 혹시 나올까 싶어 내가 봤는데,
> 지금 야당 대표로 계시는 한명숙 대표 졸라 사랑합니다!

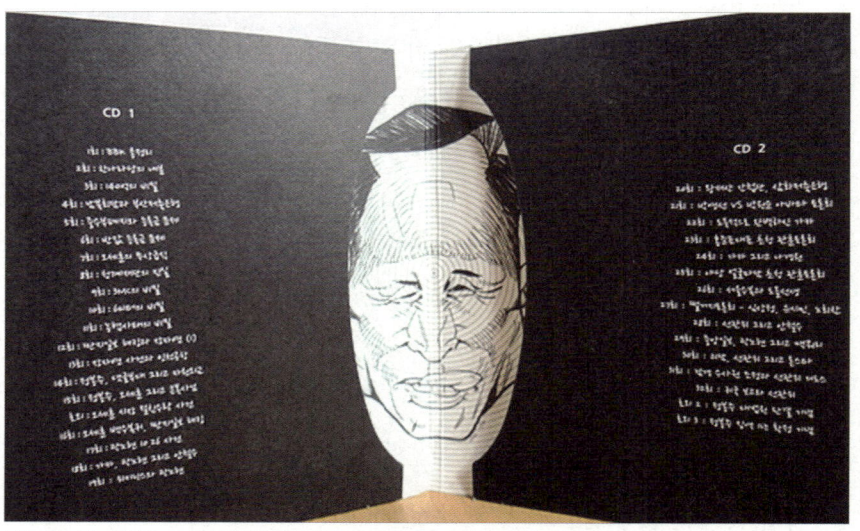

나는 꼼수다 1회부터 32회를 담은 '대국민보급용 무료 CD' 자켓이미지, 가운데 접히는 부분에 이명박 대통령의 이미지를 넣었다.

나는 봉주 형의 X이 될래!

작년 12월 18일에 방송된 나꼼수 32회가 언론을 통해 공개되면서 '목사 아들 돼지', '성희롱 돼지'로 불리우는 김용민 씨의 "나는 봉주 형의 X이 될래!" 발언이 문제시되고 있다.

김용민 씨가 민주통합당 후보로 공천받기 3일 전인 3월 11일 나꼼수 방

송에서는 김용민, 김어준, 주진우 등 3명의 진행자가 2시간 27분 방송시간 동안 총 50번이 넘는 욕설을 했다. 남자 성기를 지칭하는 성적으로 쌍스러운 욕설인 'X까', 'X' 등과 함께 'X발', '새끼' 같은 욕설 등이 포함됐다.

> [2011년 12월 18일 32회 녹취]
>
> 김용민: 나는 (정)봉주 형의 X이 될래~
> 김어준: 크하하하하하하하하하하핫
> 정봉주: 어우~ 나 크하하 큰 거 좋아~~ 크하하하
> 김어준: 크하하하하하하하하하핫
> 김용민: 장기보다는 X으로 해 줘~~
> 주진우: 크하하하 자주 쓸라고? 흐하하하
> 김어준: 크하하하 그거 성대모사 해봐~ 크하하
> 김용민: 안녕하십니까? 경찰청장 조현옵니다. 정봉주 의원의 X이
>   되고자 합니다.
> 김어준: 크하하하하하하핫

3월 14일 김용민 씨가 정봉주 전 의원의 지역구였던 노원갑에서 민주통합당 후보로 발표되자 많은 네티즌들은 국민의 정당을 표방했던 제1야당으로서 부끄러운 줄 모르는 '개념 없는' 결정이라며 비난의 글들을 올렸다. 한 블로거는 이렇게 표현했다.

> 하여간 말세는 말세다
> …

말끝마다 "X~ X~"하는 나꼼수(김용민)를 두고 공당의 대표며 여성으로서 부끄러운 줄도 모르고 "대한민국을 뒤흔들고 계시다"라며 극찬 아부하는…

…

결국 한명숙의 민주통합당은 노원갑에 "정봉주의 X"을 내세운 것이다.

국군과 경찰을 조롱하는 나꼼수

나꼼수의 공격 대상은 하나님과 교회, 그리고 국가원수들과 고위 공직자에만 머무르지 않는다. 경찰에 대한 막말은 물론이고 지난 3월 11일에는 국군을 모독하는 쌍욕을 했다. 한 나라의 권위자들뿐만 아니라 공권력들을 비하하고 조롱하며 무시한다면, 국가의 체제와 질서는 무너질 수밖에 없다. 조국을 지키기 위해 젊음과 생명을 바친 젊은이들에게 "전 병력은 X까!"라고 쌍욕을 하는 방송의 진행자가 공천을 받아 국회의원에 출마하는 지경에 이르렀다.

<국군 - "전 병력은 X까!">

[2012년 3월 11일 봉주 8회 녹취]

(무전기 음성으로) 마우스, 마우스 나와라!
여기는 깔대기~ 여기는 깔대기~
국방부 지정 종북방송 '나는 꼼수다'가 책 다섯 권을 발표했다.
전 병력은 "X까!"

<경찰 모독>

[2011년 11월 26일 30회 녹취]

김용민(조현오 경찰청장 성대모사): 안녕하십니까? 경찰청장 조현오입니다.
(으하하하아하하하하핫)
김어준: 오늘 진짜 많이 나온다. 으하하하하
정봉주: 물 뿌려 이씨!
김용민(조현오 경찰청장 성대모사): 아무래도 물 좀 덜 먹은 거 같은데
(으하하하하하하핫)
김용민(조현오 경찰청장 성대모사): …바로 조현오, 접니다. 물 뿌려 이 씹새끼들~
(으하하하하아하하하하으하하하핫)
반발하는 개새끼들 물 뿌려 이 씹새끼들~
내가 가진 건 물밖에 없어.
(으하하핫아하하하하하하아하하하)
김용민(조현오 경찰청장 성대모사): …아직도 물 안 먹은 씹쌔끼들 있나?
…
정봉주: 검사들에게는 어떻게 할 건데요?
김용민(조현오 경찰청장 성대모사): 물대포 쏘면 됩니다.
정봉주: 검사한텐 안 쏘잖아.
김용민(조현오 경찰청장 성대모사): 오줌 싸면 됩니다.
정봉주: 졸라 뜬금없는데 재밌다! (까하하하하하하)

나꼼수는 자신들의 방송에서 이번 총선과 대선을 통해 "정권을 탈환하겠다"고 거듭 주장하며 청취자들을 선동하고 있다. '미권스'는 '미래 권력들'의 줄임말이다. 사진은 2011년 12월 22일 정봉주 전 의원이 대법원에서 확정 판결을 받을 때 지지자들이 벌인 집회의 모습이다.

대기업 조롱하는 나꼼수

나꼼수는 대기업 총수들을 비하하며 조롱한다. 삼성과 현대와 같은 대기업들을 권모술수 집단인 양 폄하한다. 돌아가신 아버지(고 정주영 회장)의 이름과 음성으로 60이 넘은 아들(정몽준 의원)을 '개새끼'라고 욕하게 하는 성대모사는 죽은 자에 대한 모독이며 명예훼손이다. 더 나아가서 인륜을 무시하는 패륜적 언행이다.

"어느 아버지가 60이 넘은 아들을 방송을 통해서 '개새끼'라고 욕하겠는가?"

<이건희 삼성전자 회장과 고 정주영 현대그룹 회장과의 대화>

[2012년 3월 11일 봉주 8회 녹취]

> 김용민(이건희 회장 성대모사): 재용아, 아 우리 삼성이 말이야. MBC를 일거에 말아먹은 재철이를 데려와야 되지 않겠지? 데려와서 현대에 꽂아라.
> 김용민(정주영 회장 성대모사): 이 회장, 나 정주영인데 무슨 말을 그렇게 X같이 해. 우리 현대는 머슴 한두 명 때문에 흔들릴 회사가 아니야. 머슴은 머슴일 뿐이라고.
> 김용민(이건희 회장 성대모사): 우리 정주영 회장님 말씀을 써 보니까 말이죠, 머슴은 머슴일 뿐이라고 했는데, 근데 왜 아드님은 머슴이 돼서 왜 이렇게 고개를 조아리고 계시나!
> 김용민(정주영 회장 성대모사): (정)몽준이 개새끼!
> 모두: 하하하하하하

정의의 창을 든 비느하스여 일어나라!

나꼼수 방송이 팟캐스트 인기 1위를 차지하고 나꼼수에서 발간한 책들이 베스트셀러가 되고 있다. 하나님과 교회를 모욕하고, 국가원수들과 공직자들을 조롱하며, 공권력과 대기업까지도 짓밟는 말들과 글들이 세간에 널리 회자되고 있다. 그런데 더 심각한 것은, 이 땅의 공권력이 거짓과 선동과 욕설을 퍼뜨리는 이러한 세력에 대해 아무런 제재도 할 수 없을 만큼 무력화됐다는 것이다.

수많은 젊은이들이 나꼼수를 들으며 별생각 없이 웃고 즐기는 동안 하나님과 교회를 모독하고 국가와 공권력을 짓밟는 일에 공범이 되어 가고 있다. 전염병 번지듯이 젊은이들의 영혼을 죽이고 하나님의 심판과 저주를 부르는 염병이 한국 사회에 급속하게 번져가고 있다. 이런 상황 속에서 한국교회의 지도자들과 성도들도 침묵하고 있으니 어찌 된 일인지 이해할 수 없다. 심지어 일부 예수 믿는 청년들도 나꼼수를 들으며 함께 히히덕거리고 서로 들어보라고 권한다고 하니 심히 답답할 뿐이다.

> 이스라엘이 싯딤에 머물러 있더니 그 백성이 모압 여자들과 음행하기를 시작하니라
> 그 여자들이 자기 신들에게 제사할 때에 이스라엘 백성을 청하매 백성이 먹고 그들의 신들에게 절하므로
> 이스라엘이 바알브올에게 가담한지라 여호와께서 이스라엘에게 진노하시니라
> 이스라엘 자손의 온 회중이 회막 문에서 울 때에 이스라엘 자손 한 사람이 모세와 온 회중의 눈앞에 미디안의 한 여인을 데리고 그의 형제에게로 온지라
> … 비느하스가 보고 회중 가운데에서 일어나 손에 창을 들고
> 그 이스라엘 남자를 따라 그의 막사에 들어가 이스라엘 남자와 그 여인의 배를 꿰뚫어서 두 사람을 죽이니 염병이 이스라엘 자손에게서 그쳤더라 (민 25:1-8)

이스라엘 민족이 광야 시대에 모압 여인들과 음행함으로 하나님의 재앙으로 염병이 돌아 이만사천 명이 죽어가고 있을 때였다. 온 백성이 통곡하며 회개하고 있는 상황 속에서 '시므리'라는 한 지도자가 온 회중이 보는 앞에서 모압 여인 '고스비'를 자기 장막으로 데리고 들어가서 음행을 행하고 있었다. 이때 비느하스가 창을 들고 좇아 들어가서 단창에 음행을 행하는 남자와 여자의 배를 꿰뚫어 죽였다. 하나님께서 비느하스의 이 '의로운 분노'를 민족의 의로 여기시고 "이스라엘 자손을 속죄"(민 25:13)하셨고, 염병은 그 즉시로 그쳤다. 성경은 비느하스가 '하나님의 질투심'으로 질투하여 민족의 죄악을 속했다고 말씀한다.

누군가는 이 위태로운 조국의 상황 속에서 분연히 일어나서 비느하스의 의로운 분노와 같이 죄악을 끊는 정의의 창을 뽑아들어야 한다. 더 늦기 전에 한국교회가 먼저 빛과 소금 되지 못한 자신의 죄악을 철저히 회개해야 한다. 그리고 무너져 가는 교회와 조국을 살리기 위해서 특별한 결단을 해야 할 때다.

성읍은 정직한 자의 축복으로 인하여 진흥하고 악한 자의 입으로 말미암아 무너지느니라 (잠 11:11)

교회와 국가를 무너뜨리는 악한 자의 입을 막는 일을 과감하게 수행할 비느하스의 무리들이 하나님의 군대로 일어나야 한다. 동시에 악한 자들이 조롱하고 모독한 교회와 국가를 축복함으로 하나님이 주시는 부흥이 이 세대에 일어나도록 해야 한다.

분별없이 미혹되어 하나님의 심판과 저주를 자초하는 수많은 젊은이들 앞에 서서 두 팔을 벌려 그들이 패망으로 가는 걸음들을 멈추게 하고 방향을 돌이키게 하는 용기 있는 비느하스들을 주님은 지금 한국 땅에서 찾으신다.

"누가 이 땅의 비느하스가 되어 이 민족과 교회를 살릴 것인가?"
"비느하스여 정의의 창을 들고 일어나라!"

3

몰락하는 나꼼수와
한국교회의 인터넷 전략

2012년 7월호

압살롬이 노새를 탔는데 그 노새가
큰 상수리나무 번성한 가지 아래로 지날 때에
압살롬의 머리가 그 상수리나무에 걸리매
그가 공중과 그 땅 사이에 달리고

(삼하 18:9)

몰락하는 나꼼수와 한국교회의 인터넷 전략

2012년 7월호

나꼼수와 4.11 총선

4.11 총선에 영향을 미친 주요 이슈

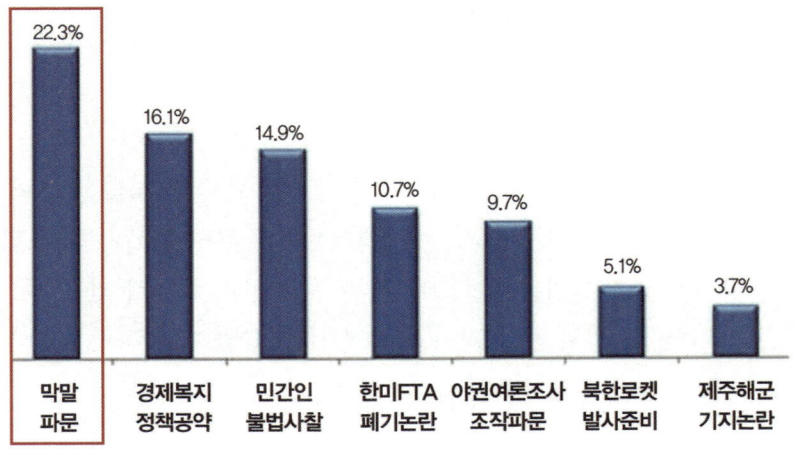

총선 다음날인 4월 12일 리얼미터의 여론조사 결과, 4.11 총선에서 가장 큰 영향을 미쳤던 이슈는 '막말 파문'인 것으로 조사되었다. 총선에 영향을 준 주요 이슈들에 대해 전국 성인남녀 750명을 대상으로 질문한

결과, '막말 파문'(22.3%)이 1위를 차지하였고, 이어서 경제민주화 공약 (16.1%), 민간인 불법사찰(14.9%), 한미FTA 폐기 논란(10.7%), 야권 여론조사 조작 파문(9.7%), 북한 로켓발사 준비(5.1%), 제주해군기지 건설 논란 (3.7%) 순으로 나타났다.

> 온 이스라엘 가운데에서 압살롬 같이 아름다움으로 크게 칭찬 받는 자가 없었으니 그는 발바닥부터 정수리까지 흠이 없음이라
> 그의 머리털이 무거우므로 연말마다 깎았으며 그의 머리털을 깎을 때에 그것을 달아본즉 그의 머리털이 왕의 저울로 이백 세겔이었더라 (삼하 14:25-26)

> … 압살롬이 노새를 탔는데 그 노새가 큰 상수리나무 번성한 가지 아래로 지날 때에 압살롬의 머리가 그 상수리나무에 걸리매 그가 공중과 그 땅 사이에 달리고 …상수리나무 가운데서 아직 살아 있는 압살롬의 심장을 찌르니 …청년 열 명이 압살롬을 에워싸고 쳐죽이니라 (삼하 18:9, 14, 15)

압살롬의 외모는 출중했다고 한다. 특별히 무겁고 긴 머리털은 그의 큰 자랑거리였다. 그래서였는지 그는 전쟁터에서도 투구를 쓰지 않고 전투를 벌이다가, 숲속을 지날 때 그 머리털이 나뭇가지에 걸려 대롱대롱 매달렸다가 적군의 창과 칼에 맞아 죽는 신세가 되었다. 우리의 자랑거리가 올무가 될 수 있음을 성경은 보여 준다.

야권통합에서는 나꼼수가 한국 팟캐스트 전체 1위가 되고, 또 매주 수백만 명의 젊은이들이 나꼼수를 청취한다는 것 때문에, 막말과 쌍욕과 거짓이 난무하는 나꼼수의 멤버 김용민을 4.11 총선에서 공천함으로 선거에서 한몫 보리라고 생각했는지 모른다.

[2012년 1월 1일 나꼼수-봉주1회 녹취]

정봉주: 올해는 4월 11일 총선에서 저희가 정말 이기는 싸움을 하는 그런 해입니다!
12월에는 (대선에서) 정권을 탈환하는 해입니다!
여러분들이 힘이 좀 부치실 것 같기에 제가 이렇게 격려의 말씀을 통해서, 제 말씀 한마디면 또 총선에서 40~50석은 확 늘어나는 것 아닙니까?

[2012년 2월 10일 나꼼수-봉주5회 녹취]

정봉주: 여보세요. (크흐흐흐흐하하하하하하) 안녕하세요? (하하하)
정봉주 (2012년) 18대 대통령 후보입니다. …
(4.11 총선) 이번에 한 민주당 자체적인 힘으로 하면 150~160석 정도 이상이 되는데, 감옥에서 이제 제가 쪼금 활동하면 200석 넘지 않겠는가?
다같이: 아하하하하하하하하

나꼼수는 자신들의 영향력으로 적어도 총선에서 40~50석 정도는 확보가 가능하다고 자신했다. 그래서인지 김용민의 막말 파문이 언론을 진동하고 도덕적 결함이 드러났을 때도, 민주통합당에서는 '김용민 후보를 사퇴시키면 (나꼼수의) 젊은 지지자들이 이탈할 것'이라는 나꼼수 측 주장에 밀려서 끝내 김용민을 사퇴시키지 않았다. 그러나 나꼼수 김용민의 막말과 쌍욕이 폭로됨으로, 결과적으로는 오히려 나꼼수 때문에 총선에서 패배하고 말았다.

나꼼수의 몰락

나꼼수 오프라인 모임 참가자들이 김용민의 막말 파문 이후 현격히 줄어들고 있다.

1) 2011. 11. 30 여의도광장 한미 FTA 반대 나꼼수 공연
– 1만 6천 명 참가 (경찰 추산)

한미 FTA 반대공연 이후 나꼼수 공연 기획자인 탁현민 씨는 "어제 여의도 <나는 꼼수다> 공연의 자발적 후불제 수익은 3억 31만 원이다. … 무엇보다 이제 여러분은 내년 총선, 대선까지 나꼼수를 들으실 수 있게 되었습니다"라고 트위터에 글을 남겼다.

2) 2012.4.8 서울시청광장 4.11 총선 전 나꼼수 '번개모임'
– 6천 명 참가 (경찰 추산)

3) 2012. 4. 29 한강시민공원 나꼼수 1주년기념 '용민운동회'
- 1천여 명 참가

4) 2012. 5. 23 한양대 축제 김용민 초대강연
- 20여 명 참가

4번의 나꼼수 오프라인 집회 참가자 수를 살펴보면, 작년 11월 30일 첫 집회에는 1만 6천 명이 모였지만, 4월 8일 서울시청 집회에서는 6천 명, 나꼼수 방송 1주년 4월 29일 '용민운동회'에서는 1천여 명, 그리고 5월 23

일 한양대 김용민 초대강연에서는 20여 명이 모였다. 이를 통해서도 알 수 있듯이 나꼼수의 영향력은 급격히 쇠퇴하고 있다.

총선 전 거의 매주 방송되었던 나꼼수는 총선 후 약 2주 간격으로 방송되다 최근에는 3주 이상 진행이 늦어지고 있다. 나꼼수는 방송 1주년 기념 '용민운동회'에서 발표한 "대선 전까지 매주 방송을 계속하겠다"는 약속을 지키지 못하고 있다. 막말 파동 이후 세간의 이목이 집중되고 나꼼수 방송 내용에 대한 고발이 이어지면서 매주 방송이 부담스러운 모양이다.

나꼼수, 10%만 사실

고려대 마동훈 교수팀이 나꼼수 등 정치 분야 팟캐스트 주요 방송 4곳을 분석한 결과, 사실적 근거를 갖춘 주장은 14%에 불과했다. 각 방송 8회분의 171건 주장을 분석한 것으로, 그중 사실을 왜곡했거나 아예 사실이 아닌 주장이 86%에 달했다.

마 교수팀의 분석에 의하면, 인터넷방송들은 주로 다음과 같은 방식으로 근거 없는 사실을 퍼뜨리게 된다.

1. 거짓을 사실인 양 퍼뜨리는 경우: 박근혜 자서전은 4,500원인데, "5만 원으로 비싸, 테마북인 모양"이라고 함.

2. 확인 안 되는 사실을 퍼뜨리는 경우('X-파일 논법'): 나꼼수는 자신들이 "사찰당하고 있다"는 근거로 "저희도 빨대(정보원)가 있기 때문"이라는, 사실 여부를 확인할 수 없는 주장을 함.

나꼼수의 'X-파일 논법'을 좀 더 살펴보면, 민간인 불법사찰을 당하고 있다고 주장하면서, "주진우에 대한 정보 보고는 '부인과 별거하고 나와서 마포에 있는 한 오피스텔에서 덩치가 큰 여성과 동거하고 있다'인데, 여기서 덩치가 큰 여성은 김용민이다"라고 방송했다(나꼼수 봉주 11회). 하지만 나꼼수가 말하는 그 '정보 보고'가 무엇인지 알 길이 없다.

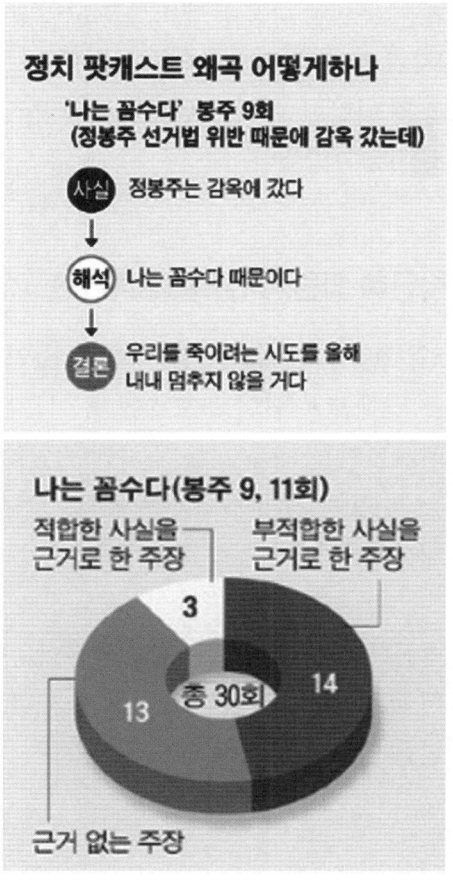

나꼼수 '봉주 9회, 11회'에서 다룬 30개의 주장 중,
1. 적합한 사실을 근거로 한 주장: 3개(10%)
2. 부적합한 사실을 근거로 한 주장: 14개(47%)

3. 근거 없는 주장: 13개(43%)였다.

실제로 합당한 사실을 근거로 한 방송의 내용은 10%밖에 되지 않는다는 것이 연구팀의 발표이다.

고발당한 나꼼수

4.11 총선 이후 나꼼수 관계자들에 대한 고발이 이어지고 있다. 선거관리위원회, 박근혜 의원, 시민단체 등이 선거법 위반, 허위사실로 인한 명예훼손 등으로 나꼼수 멤버들을 고발했다. 특별히 '목사 아들 돼지'로 불리는 김용민 씨에 대해서는, '특정종교 모욕 및 명예훼손', '건전한 사회풍속을 더럽힌 혐의', 그리고 '이적·찬양·고무·선동 등 국가보안법 위반' 등으로 고발했다.

박근혜 의원, '나꼼수' 명예훼손 고발

5월 21일 박근혜 의원은 '나꼼수' 출연진과 민주통합당 박지원 원내대표를 명예훼손 혐의로 고소했다. 이들은 박근혜 의원이 부산저축은행 로비스트인 박태규 씨를 수차례 만났다고 주장했다. 박근혜 의원 관계자는 "이들이 허위 사실을 반복적으로 주장하고 있어 이를 바로잡기 위해 대응한 것"이라고 발표했다.

박근혜 의원이 나꼼수 출연진과 박지원 의원에 대해 전면전을 선포하게 된 배경에는 '나경원 1억 피부과' 사건을 통한 학습효과가 컸다는 관측이 힘을 얻고 있다.

작년 10월 서울시장 선거에서 나경원 후보의 '1억 피부과 의혹'은 나 후보에게 결정적인 타격을 입혔다. 오차 범위 내에서 치열한 접전을 벌였던 나 후보는 1억 피부과 의혹으로 결국 막판에 고배를 마셨다. 지난 4월 총선에서도 '1억 피부과 의혹'에 대한 검찰 수사가 끝나지 않아 끝까지 각종 공세에 시달리다가 마침내 불출마를 선언했다.

검찰은 지난 4월 나 전 의원이 1억 호화 피부과에 다녔다고 퍼뜨린 '나꼼수'에 대해서 모두 사실이 아니지만 허위로 인식하지 못했다며 불기소 처리했다. 결국 '1억 피부과 의혹'은 사실이 아니었다.

주진우·김어준 선거법 위반 고발당해, 검찰 수사

총선 후 4월 16일, 서울시 선관위는 나꼼수 김어준, 주진우 씨가 "총선 선거운동 기간에 8차례 김용민 후보 지지 집회를 하며 선거법을 어겼다"며 검찰에 고발했다. 선관위는 "선거법 60조에 '언론인은 선거운동을 할 수 없다'고 규정되어 있는데, 딴지일보 대표인 김어준 씨와 시사인 기자 주진우 씨가 선거운동을 한 것은 명백한 선거법 위반"이라고 밝혔다.

또 두 사람이 선거법 103조(선거운동 기간에는 정당이나 후보자 측을 제외하고는 특정 후보 지지를 위해 집회나 모임을 개최할 수 없다)와 선거법 91조 1항(선거운동을 할 때도 확성기를 사용하면 안 된다)도 어겼다고 선관위는 발표했다. 선관위는 "김 씨와 주 씨에게 사전에 안내를 하고 이메일로 선거법 위반 소지가 있다는 것을 수차례 알렸지만 선거 전날까지 선거에 영향을 미치는 발언을 해 고발했다"고 밝혔다.

'막말 파문' 김용민 후보 시민단체가 고발

활빈단 대표 홍정식 씨는 김용민 씨에 대해 "사회 해악적이고 반교육적인 발언을 상습적으로 해서 국민적 공분을 일으키고 있다", "정신질환적 망언을 일삼아 국제 테러교사, 살인교사, 강간교사, 특정종교 모욕 및 명예훼손, 국위손상, 건전한 사회풍속을 더럽힌 혐의 등으로 고발한다"고 언론에 발표했다.

홍 씨는 김용민 씨의 다음 발언들을 소개했다.
"북한을 반대하는 세력이면 민간인이고 뭐고 간에 총으로 갈기는 거예요."
"美 콘돌리자 라이스 국무장관을 한국의 대표적인 연쇄강간 살해범 유영철을 시켜 강간 살해하자."
"한국교회는 일종의 범죄 집단, 척결의 대상이다. 누가 정권을 잡아도 무너질 개신교다."
"'닥치고 닥치고 정치를 읽겠네', 'MB 각하 여러 가지 죄악을 그대는 알고서 믿는가'"(찬송가 가사 바꿔 부르기)

홍 대표는 "이 자의 그간 행적과 관련해 이적·찬양·고무·선동 등 국가보안법 위반 여부도 철저히 수사해 엄정 사법처리해 주시길 바란다"고 발표했다.

인터넷으로 무너지는 한국교회

2009년 미디어리서치 조사에 의하면, 3개 종교에 대한 국민의 신뢰도는 개신교 27%, 불교 60%, 천주교 67%로 나타났다. 또 33개의 직업군을 대상으로 한 신뢰지수에서는 신부 11위, 승려 18위, 목사 25위를 각각 차지했다. 그리고 캠퍼스 내 대학생들의 교회 출석률이 4%대라고 하는데, 갈

수록 더 떨어지고 있는 추세라고 한다. 무엇이 한국 기독교의 신뢰도를 떨어뜨리고 젊은이들로 하여금 교회를 떠나게 만드는가?

21세기 가장 중요한 미디어인 인터넷 영역에서 한국교회는 무참히 짓밟혀 왔다. 2007년 아프간 순교 사태를 기점으로 인터넷상에는 기독교 모독 글이 급증하고 안티기독교 정서가 팽배해지기 시작했다. 이런 상황 속에서 전도하는 것이 갈수록 어려워지고 젊은이들 사이에서는 교회 다닌다고 말하는 것조차 눈치가 보이는 형편이다. 이와 같은 추세의 배후에는 조정하는 특정세력이 있다는 것을 간과하면 안 될 것이다.

어린아이들부터 어른에 이르기까지 대부분의 시간을 인터넷세상에서 보낸다고 해도 과언이 아니다. 요즘 전철을 타면 많은 사람들이 저마다 자기 스마트폰에서 눈을 떼지 못하고 있다. 그런데 그들이 가장 많은 시간을 보내는 인터넷과 SNS 상에 기독교에 대한 욕들과 부정적인 글들이 가득하다면 누가 굳이 교회에 나오려고 하겠는가? 오히려 교회에 다니는 자들까지 교회를 떠나고 있는 실정이다.

교회가 잘못한 일들에 대해서 숨기거나 합리화하자는 이야기가 결코 아니다. 잘못한 일은 마땅히 회개해야 한다. 그러나 인터넷상에는 교회를 개혁시키는 것이 아니라 교회를 박멸하려고 작정하고 달려드는 세력들이 있다. 이들은 교회를 파괴시키기 위하여 수단과 방법을 가리지 않고 거짓을 조작해 내기도 하며, 선동과 여론몰이로 대다수의 국민을 안티기독교인으로 만들어 가고 있다. 기독교인들 가운데 선하고 옳은 일을 하는 수많은 사례들에 대해서는 결코 언급하지 않고, 극소수의 잘못을 침소봉대하고 모든 성도들과 목회자들이 다 범죄자인 것처럼 몰아가는 안티기독교 세력의 공격에 대해서, 한국교회가 인터넷상에서 합당하게 대응하지 않는다면 한국교회의 내일과 다음세대는 없다.

팟캐스트 1위를 차지했던 나꼼수의 경우, 목사님들에 대해서 차마 입에 담을 수 없는 성적인 쌍욕들을 방송하고, 찬송가를 개사하여 자신들의 책을 선전하는 CM송으로 부르고, 축도의 내용을 바꾸어 주님과 교회를 모독하는 일을 서슴없이 하고 있으니, 이 방송을 들은 수백만 명의 청소년들과 청년들은 과연 한국교회와 목회자들과 성도들에 대해서 어떻게 생각할 것인가? 광야에서 불뱀에 물린 사람들처럼 이러한 방송에 오염된 사람들을 해독시키기 위하여 한국교회는 무엇을 했는가? 이러한 방송이 1년이 넘게 진행되는 동안 한국교회는 과연 어떻게 대처했는가? 개교회 사역과 부흥에만 몰두한 나머지 한국교회와 이 사회 전체를 돌아보지 않는다면 한국교회 전체가 몰락할 때 개교회도 함께 무너지게 될 것이다.

한국교회의 인터넷 대응전략

인터넷 조사기관 메트릭스의 분석에 의하면, 2008년 광우병 사태 기간 중 약 두 달 반 동안 다음 아고라 게시판에는 상위 10명(ID 기준)의 네티즌이 무려 2만 2천 건 이상의 글(댓글 제외)을 썼다고 한다. 이 기간 동안에 1%의 ID가 전체 글의 32%를 썼다. 당시 한 사람이 9개의 ID를 가질 수 있었기에 1%의 ID는 1%의 사람이 아니라, 약 0.1%의 사람일 수도 있다. 즉, 약 0.1%의 네티즌이 전체 글의 32%를 쓸 수 있다는 것이다. 이 통계대로라면 0.1%의 논객들은 일반적으로 글을 올리는 네티즌보다 약 300배 이상의 글을 쓴다는 것이다. 인터넷상의 여론 조성은 결국 극소수의 전문 네티즌들에 의해서 좌우되는 것이다.

인터넷상에는 두 가지 큰 원칙이 존재한다.
1. <u>인터넷상에서 진실은 '질'이 아닌 '양'에 의해 결정된다.</u> 올바른 하나의 댓글이 수십 개의 잘못된 댓글들에 의해서 묻혀 버리면서 왕따 당하

는 것을 인터넷상에서 쉽게 볼 수 있다. 인터넷은 거의 언제나 다수가 이기는 양상을 띤다.

2. 인터넷상에서는 '반박되지 않은 거짓'은 사실로 통용된다. "저건 거짓이며 곧 진실이 밝혀질 것"이라며 방관한다면 반박되지 않은 인터넷상의 거짓이 곧 사실로 둔갑하여 많은 사람들에게 '진실'로 받아들여진다는 것이다. 이런 메커니즘에 의해 거짓을 가지고도 미혹과 선동과 여론몰이가 인터넷상에서는 얼마든지 가능하며, 실제로 횡행하고 있다.

인터넷상에서 활동하는 대표적인 안티기독교 세력 중에는 북한의 사이버부대 3천 명이 있다.

> <北 해커 3천 명으로 늘려 사이버戰 올인>
> 북한이 인터넷전사(해커) 양성을 위해 전국의 영재를 평양으로 불러모아 해외 유학 등 각종 특혜를 주면서 사이버부대의 규모를 기존의 6배로 늘리는 등 '사이버전에 올인'하는 것으로 알려졌다. 기존 500명에서 3천 명 수준으로 늘린 것이다. (2011.6.1. 연합뉴스)

대남적화전략을 총괄하는 북한의 통일전선부에서 근무했던 뉴포커스 장진성 대표의 증언에 의하면, 북한은 2002년부터 인터넷 침투 연락소를 만들었다. "여기서는 남한 주민등록증 30만 개를 확보해 '댓글 심리전'을 펼치고 있는데 남한 국민들이 쓴 것처럼 기사를 올리고 댓글도 올린다." 실제로 인터넷 사역자들의 이야기를 들어 보면, 인터넷상에서 긴박하게 댓글 싸움을 하다 보면 갑작스럽게 북한식 쌍욕이 튀어 나온다

사이버부대 양성에 큰 힘 쏟는 김정일

고 한다. 성격 급한 북한 사이버 군인들이 남한 사이트에서 북한 욕설들을 내뱉는 경우들이 있다는 것이다.

21세기 선교와 영적 전쟁의 최전방 인터넷

21세기 선교의 최전방은 인터넷이다. 인터넷을 계속 이대로 방치한다면, 국가와 교회가 함께 패망할 수도 있다. 인터넷을 하나님의 말씀으로 제자 삼지 않고는 더 이상 어린이, 청소년, 그리고 청년 전도는 불가능하다고 봐야 할 것이다.

기독교의 신뢰도가 계속 떨어지며 많은 사람들이 교회에 등을 돌리는 상황 속에서 한국교회는 과연 어떻게 인터넷 대응을 해 나갈 것인가?

이제는 한국교회가 인터넷상의 여론을 바르게 선도할 수 있는 인터넷 전문 요원들을 길러내야 한다. 또 우리는 이들을 '인터넷선교사'라고 명명하고, 축복하며 각 교회에서 파송해 주어야 한다. 아시아, 중동, 아프리카 등으로 지역선교사를 파송하듯이, 장애인선교나 학원선교, 군선교 등 특수사역을 위하여 전문선교사를 파송하듯이, 이제는 21세기 모든 선교의 기반을 이루는 인터넷을 위한 인터넷선교사를 파송해야 한다. 각 교회 주보에 파송선교사 이름이 실리듯이, 인터넷선교사 이름도 주보에 함께 실려야 한다. 일반선교사 훈련 프로그램이 있듯이, 인터넷선교사 훈련 프로그램이 마련되어 수많은 젊은이들이 훈련받고 파송되어야 한다.

순교를 각오한 인터넷 영적 전쟁

북한의 인터넷전사들이 3천 명이라고 한다. 또 황장엽 씨는 남한 내 공작원이 5만 명이라고 했다. 이외에도 남한교회가 돌파해야 할 부분은 동성애를 합법화시키려는 강한 물결, 이슬람교의 한국 공략, 신천지 등 안티기독교 세력들의 교회를 무너뜨리려는 집요한 공격이다. 가장 중요한 인터넷전쟁에서 한국교회가 파죽지세로 밀리고 있지만, 지금 당장 막아설 수 있는 인터넷선교사들은 거의 찾아보기 어려운 실정이다.

하지만 기드온의 300용사로 135,000명의 미디안 병사들을 자멸하게 하셨던 주님의 역사가 이 땅 가운데 나타난다면, 깨어 있고 헌신된 소수의 인터넷선교사를 통해서라도 주님께서는 교회와 국가를 무너뜨리는 수많은 마귀의 궤계를 파하실 것이다. 혼자서는 천을 쫓고, 둘이서는 만을 쫓는 하나님의 전사들이 인터넷선교사들로 세워져야 한다. 각 교회들과 성도들이 이들을 축복하고 위하여 기도하며, 기꺼이 후원하며 파송하는 일들이 시급히 일어나야 한다.

인터넷 상에서 천주교나 불교가 공격을 당하는 경우는 거의 없다. 교회가 연합하여 함께 주님의 거룩한 이름을 지키지 않았기 때문에 당했던 많은 모욕과 수모를 이제는 떨쳐버려야 한다. 하나님의 나라는 말에 있지 않고 능력에 있다. 인터넷세상을 하나님의 능력으로 변화시킬 수 있도록 한국교회가 깨어 간절하게 기도해야 할 때이다.

이제는 각각의 교회 사역을 넘어서서 하나님의 나라를 위하여 한국교회가 연합하여 공동전선을 구축하며, 인터넷선교를 최우선으로 감당하여야 한다. 세계선교를 위하여 순교를 감수하듯이, 우리의 자녀세대를 구원하기 위한 인터넷 영적 전쟁에서 한국교회는 순교를 각오한 헌신과 희생의 값을 기꺼이 치러야 할 것이다.

4

좌로나 우로나 치우치지 말고

그런즉 너희 하나님 여호와께서 너희에게 명령하신 대로
너희는 삼가 행하여 좌로나 우로나 치우치지 말고 (신 5:32)

2012년 5월호

악을 선하다 하며 선을 악하다 하…는 자들은 화 있을진저

(사 5:20)

좌로나 우로나 치우치지 말고

그런즉 너희 하나님 여호와께서 너희에게 명령하신 대로 너희는 삼가 행하여 좌로나 우로나 치우치지 말고 (신 5:32)

2012년 5월호

어느 정당을 지지하십니까?

"새누리당을 지지하십니까? 아니면 민주통합당을 지지하십니까?"
선거철이 되면 자주 듣는 질문이다. 에스더기도운동 대표이기에 대답을 더 듣고 싶어 하는 눈치다. 이때 한결같은 나의 대답이 있다.
"저는 예배당을 지지합니다."
질문자가 폭소를 터뜨리기도 한다. 그러나 나는 진지하게 대답한 것이다.

에스더기도운동은 특정 정당이나 특정 정치인을 지지하는 발언을 하지 않는 것을 원칙으로 한다. 대통령 선거나 국회의원 선거를 할 때 에스더기도운동은 "하나님이 보시기에 가장 합당한 자가 선출되도록" 기도한다. 본 단체는 초교파적으로 국내외 여러 다른 지역에 사는 회원들이 연합하여 국가를 위하여 기도하고 있으므로 각자 지지하는 정당과 정치인은 서로 다를 수 있다. 그러나 "하나님이 보시기에 가장 합당한 자가 선출되도록" 기도드릴 때는 다 같이 일치된 마음으로 기도할 수 있다.

개인적으로 나는 성경대로 '말하는' 자가 아니라 성경대로 '행하는' 자를 지지한다. 가장 성경에 근접하는 정치인과 정치정당을 분별하고자 애쓴다. 역으로 가장 성경을 대적하는 정치인이나 정치정당도 분별하고자 애쓴다.

좌파입니까, 우파입니까?

북한 땅에서 굶어 죽고 얼어 죽고 병들어 죽는 북한 동포들을 살려 내야 한다고 강조하고, 또 "통일되면 못사는 북한 동포들 때문에 남한 사람들이 손해 본다"는 주장은 옳지 않다고 하며 조국통일을 강조하면, 많은 사람들이 나보고 '좌파'라고 한다.

반면에 김일성 주체사상은 세계 10대 종교로 선정된 하나의 종교이며 (2007년 5월, 어드히어런츠닷컴 발표), 역사상 가장 강력한 적그리스도의 영이라고 강조하며, 지금도 약 20만 명의 북한 주민들이 억울하게 끌려가서 고문과 강제노역과 기아 가운데 죽어가고 있는 정치범수용소가 반드시 해체되어야 한다고 주장하면, 나보고 '우파'라고 한다.

알쏭달쏭해서인지 가까이 와서 물어보는 사람들이 있다.
"좌파입니까, 아니면 우파입니까?"
그때마다 나는 하늘을 가리키며 대답한다.
"저는 윗파입니다."

이 대답을 듣고 웃는 사람들이 적지 않았다. 사람들을 웃기려고 한 대답이 아니다. 나는 정말 하늘나라 시민권자로서 '윗파'가 되어야 한다고 생각하며 이 땅에서 '윗파'로 살기 위해 노력한다. 성경적 관점으로 북한을 바라보면서 의견을 발표하고 행동하다 보면, 어떤 때는 좌파로 보이고 어떤 때는 우파로도 보이는 모양이다.

1990년대 중반, 북한 동포들 3백만 명이 굶어 죽을 때 북한 동포들 살려야 된다고 목청껏 외치자 많은 사람들이 나를 보고 좌파라고 불렀다. 2000년대에 들어서면서 김일성 주체사상의 실체를 밝히면서 주체사상은 많은 영혼들을 지옥으로 끌고 가는 적그리스도의 영이라고 선포하고, 탈북자 구출 및 강제북송 저지 운동과 함께 정치범수용소 해체 운동을 펼쳐 나가자 사람들은 나를 우파라고 불렀다.

한 사람을 두고 어떤 때는 좌파라고 하고 어떤 때는 우파라고 하니, 수시로 바뀌는 세간의 판단에 요동하지 않고 성경적 가치관을 따라 일관성 있게 나아가는 것이 중요하다고 생각한다. 살아가면서 나에 대해 많은 사람들이 수많은 판단과 평가를 내리지만, 인생의 마지막에서 내 삶의 모든 것을 심판하실 분은 하나님 단 한 분이시다. 지혜로운 자는 누가 뭐라고 하건 심판자 되신 하나님의 뜻을 추구하며 그분의 기뻐하시는 뜻대로 살아가는 자이다. 그래서 나는 하늘에 계신 그분의 뜻을 좇는 '윗파'가 되기로 결심했다.

짧은 인생길 뒤에 내가 주님 앞에 섰을 때, '윗파'로 불릴 수 있기를 소원한다.

'비겁한' 중도

많은 사람들이 자신은 중도라고 이야기한다. 마치 중도는 온유하고 평화적인 것 같은 뉘앙스를 준다. 그러나 성경이 말하는 좌우로 치우치지 아니하는 중도는 하나님의 말씀을 현실에 타협하거나 가감하지 않고 온전히 순종하는 것을 뜻한다.

그런즉 너희 하나님 여호와께서 너희에게 명령하신 대로 너희는 삼가 행하여 좌로나 우로나 치우치지 말고 (신 5:32)

성경 말씀은 하나님의 명령을 준행할 때 좌로나 우로나 치우치지 말라고 이야기한다. 그 하나님의 명령은 의를 행하고 불의를 대적하라는 일관된 명령이다. 많은 사람들이 잘못된 길로 갈 때, 잘못되었다고 이야기하면 사람들에게 공격을 받거나 불이익을 당할까 봐 침묵한다면 그것은 '중도자'가 아니라 '비겁자'인 것이다.

영국의 조사전문기관 EIU는 북한을 전 세계 167개국 중에서 가장 비민주적인 나라로 해마다 발표하고 있으며, 오픈도어즈에 의하면 북한은 10년 연속 세계 최악의 기독교 박해국이다. 탈북자들의 증언에 의하면 전 세계 어디에도 북한의 정치범수용소 같은 참혹한 인권유린과 학살은 없다. 그런데 자칭 민주화 인사라고 하는 사람들이 이승만 대통령과 박정

강냉이 몇 킬로그램을 훔쳤다고 공개처형되는 북한의 현실에 우리는 얼마나 더 침묵하려는가! -탈북자 장한길이 중국 은신처에서 그린 공개처형 장면. (이미지출처=문국환 대표, 북한인권국제연대 제공)

희 대통령에 대해서는 독재자라고 입에서 침이 튀도록 성토하면서 전 세계 최악의 독재자이며 학살자로 평가되는 김일성, 김정일, 김정은에 대해서는 일언반구도 안 할 뿐더러 일부는 오히려 이들을 추종하며 찬양하고 있으니 참으로 이해할 수 없는 일이다.

너는 사망으로 끌려가는 자를 건져 주며 살륙을 당하게 된 자를 구원하지 아니하려고 하지 말라 (잠 24:11)

이 말씀을 볼 때마다 '탈북자 강제북송'이 떠오른다. 북한에서는 굶어 죽지 않으려고 압록강, 두만강을 넘어 중국으로 도망친 탈북민들을 '민족의 반역자'라고 낙인찍는다. 식량배급이 끊겨서 굶어 죽어가는 북한 주민들에게는 살기 위해서 국경을 넘을 자유도 없다.

'탈북자 강제북송 STOP!' 마스크와 모자를 깊이 눌러쓰고 효자동 중국대사관 앞으로 나온 탈북 여성. 북한주민들에게는 살기 위해 도망칠 수 있는 자유조차 없다.

민족의 반역자로 분류된 탈북자들이 중국 공안에 붙잡혀 되돌아오면 고문과 처형, 강제노동이 그들을 기다리고 있다. 유엔난민법에 따라 마땅히 난민으로 인정되고 보호받아야 할 탈북자들이 강제북송될 때, 탈북민들은 위의 말씀과 같이 '사망으로 끌려가는 자' 그리고 '살륙을 당하게 된 자'

가 된다.

성경은 이 같은 자들에 대해서 "구원하지 아니하려고 하지 말라"고 말씀한다. 그런데 한국 성도 다수가 탈북자 구출을 위한 합당한 노력을 쏟지 않고 있다. 좌우로 치우치지 말라는 말씀은 "사망으로 끌려가며 살륙을 당하게 될 탈북자들을 구원하라"는 말씀을 어떤 손해나 위험이 있더라도 가감 없이 온전하게 준행하라는 명령이다. 탈북자 강제북송 문제 앞에서 침묵하는 것은 '중도'가 아니며 하나님의 말씀에 대한 '불복종'이다.

성경적 중도

성경이 이야기하는 좌로나 우로나 치우치지 않는 중도는 곧 정도(正道)이다. 하나님의 명령을 현실이나 상황과 타협하지 않고 온전히 행하는 것이다.

> 악을 선하다 하며 선을 악하다 하며 … 화 있을진저 (사 5:20)

오늘날 한국 사회와 교회가 거짓과 선동, 음란과 동성애, 자살과 낙태, 이혼 등으로 무너지는 것은 죄를 죄라고 가르치지 않기 때문이다. 교회에서조차 결혼 외 성관계, 낙태, 이혼 등을 죄라고 가르치는 것이 어려운 현실이다. 교인들의 눈치를 보기 때문이다. 성경에서 '좌우로 치우치지 말라'라는 말씀은 청중들을 의식함으로 죄에 대한 말씀을 전할 때 가감하지 말라는 뜻이다. 일례를 든다면, 교회에서 이혼이 죄라고 분명하게 가르치지 않으니 젊은이들이 결혼생활에 어려움이 생기면 쉽게 이혼을 한다. 가정이 무너지면 자녀들은 문제 자녀들이 되기 쉽고, 이로 인해 야기되는 청소년 문제들은 학원 문제나 사회 문제로 번져 간다.

4월 19일 에스더기도운동 회원들이 중국대사관 맞은 편 옥인교회 앞에서 탈북자 강제북송 저지를 위한 기자회견을 하고 있다.

한 목사님은 술집을 개업하는 성도를 심방하여 개업예배를 드리고 축복기도를 해 주었다고 한다. 또 유족들의 마음을 얻으려고 장례식장에서 예수 안 믿고 죽은 사람에 대해 천국 가게 해 달라고 기도하는 경우도 있다.

하나님의 말씀을 증거함에 있어서 좌로나 우로나 치우치지 않는다는 것은 사람들의 눈치를 봄으로 하나님의 말씀을 왜곡하거나 진리를 변질시키지 않는다는 것을 말한다.

이제는 동성애가 죄가 아니라고 하고, 불륜을 사랑이라고 하고, 음란한 퇴폐물을 문화예술이라고 칭송하는 시대가 되었다. 이 시대의 피할 수 없는 도전에 우리는 직면하고 있다.

성경이 악하다고 한 것을 악하다고 하며, 선하다고 한 것을 선하다고 할 것인가? 아니면 침묵하면서 엘리야 시대의 이스라엘 백성처럼 하나님과 바알 사이에서 머뭇머뭇 할 것인가?

> 엘리야가 모든 백성에게 가까이 나아가 이르되 너희가 어느 때까지 둘 사이에서 머뭇머뭇 하려느냐 여호와가 만일 하나님이면 그를 따르고 바알이 만일 하나님이면 그를 따를지니라 하니 백성이 말 한마디도 대답하지 아니하는지라 (왕상 18:21)

거짓과 불의에 대해서 침묵하는 것이 중도가 아니다. 침묵은 묵시적 동의를 나타낼 뿐이다. 불리할 때 마땅히 할 말을 다 하지 않고 입을 다무는 것은 중도가 아니라 하나님과 이웃에 대한 범죄행위이다. 왜냐하면 하나님께서 하라고 하신 말씀을 제때에 하지 않는 것은 하나님께 대한 불복종이고, 또 마땅히 그 말을 듣고 깨우쳤어야 할 이웃들에게 회개할 기회를 앗아가는 것이기 때문이다.

> 가령 내가 악인에게 말하기를 너는 꼭 죽으리라 할 때에 네가 깨우치지 아니하거나 말로 악인에게 일러서 그의 악한 길을 떠나 생명을 구원하게 하지 아니하면 그 악인은 그의 죄악 중에서 죽으려니와 내가 그의 피 값을 네 손에서 찾을 것이고 (겔 3:18)

성경적 중도는 좌우 모두에게 인정을 받는 중립지대에 머무는 것이 아니라 하나님의 말씀 그 정중앙에 위치하며 그 말씀대로 선포하며 살아 나가는 것이다.

5

무엇으로 심든지 그대로 거두리라

스스로 속이지 말라 하나님은 업신여김을 받지 아니하시나니
사람이 무엇으로 심든지 그대로 거두리라 (갈 6:7)

2012년 6월호

감추인 것이 드러나지 않을 것이 없고
숨긴 것이 알려지지 않을 것이 없나니

(눅 12:2)

무엇으로 심든지 그대로 거두리라

스스로 속이지 말라 하나님은 업신여김을 받지 아니하시나니
사람이 무엇으로 심든지 그대로 거두리라 (갈 6:7)

2012년 6월호

김준곤 목사님의 마지막 당부

2012년을 살아가면서 故 김준곤 목사님께서 남기신 마지막 말씀을 되새긴다.

"2012년 12월 대통령선거에서 대통령을 잘 뽑아야 합니다."
"잘못 뽑으면 이 나라가 적화됩니다."

2009년 김준곤 목사님의 부름을 받고 찾아뵈었을 때 목사님께서는 나를 바라보시면서 이 말씀을 거듭거듭 하셨다. 그리고 2012년 대선을 위해 최선을 다해서 기

故김준곤 목사님

도할 것을 간곡히 당부하셨다. 목사님을 뵙고 나오면서 함께 갔던 사역자들에게 이같이 말했다.

"같은 말을 너무 여러 번 반복해서 말씀하시네요. 이런 적이 없으셨는데

87

이상합니다. 유언처럼 생각됩니다."

결국 그날 말씀은 우리에게 남기신 '유언'이 되고 말았다. 그리고 그날의 만남이 영적인 스승이며 믿음의 아버지로 여겼던 김준곤 목사님과의 이 세상에서의 마지막 만남이었다.

감추인 것이 드러나지 않을 것이 없고

베트남이 공산화되었을 때 내부에 있던 공작원들이 49,500명이었다고 한다. 김일성주체사상을 만든 황장엽 씨는 남한 내부의 북한 공작원들이 약 5만 명이라고 했다. 베트남이 1975년 적화되었을 때 당시 티우 대통령 비서실장이 간첩이었고, 1990년 독일이 통일되었을 때 콜 수상의 극비보고서 담당 여비서가 동독 간첩이었다.

"나는 (서독 총리의 비서이자) 동독의 현역 장교다."

슈타지(동독비밀경찰) 문서관리소 연구원이었던 후베르투스 크나베는 저서 <침투 당한 공화국>에서 "서독 땅에서 암약했던 슈타지 정보원은 모두 2만~3만 명에 이른다"고 밝힌 바 있다. 동독의 간첩은 서독의 노조는 물론 총리실, 정부, 의회, 정당, 학계, 언론계, 종교계 등 사회 구석구석에 침투해 있었다.

"나는 (서독 총리의 비서이자) 동독의 현역 장교다."

빌리 브란트 전 서독 총리의 개인 보좌관이었던 귄터 기욤은 1974년 간첩죄로 체포되는 순간 오만한 표정으로 이렇게 외쳤다. 슈타지의 간첩을 자신의 최측근에 뒀던 브란트 총리는 곧바로 사임했다. 브란트는 독일 사회민주당(SPD)의 당수로 독일판 햇볕정책인 '동방정책'을 펼치고 동·서독 정상회담을 성사시켰던 인물이다. 브란트는 그 공로로 1971년 노벨 평화상을 받았다.

기욤은 체포되기 전 브란트 총리의 신임을 한 몸에 받고 있던 실세였다. 그는 '총리의 그림자'로 통했다. 기욤은 사민당의 주요 간부회의에 빠짐없이 참석했고, 총리가 외부와 주고받는 문서도 그의 손을 거쳤다. 1972년에는 브란트의 선거운동본부장을 맡기도 했다. 기욤 간첩사건은 독일 사회를 발칵 뒤집어놓았다. 서독 시민들의 안보 불감증에도 경종을 울렸다. (김민구 기자)

서독 브란트 총리의 그림자로 불리던 최측근 비서 귄터 기욤(좌). 동독 첩자였던 그는 서독 보안요원들에게 체포되면서 "난 동독시민이자 동독의 장교다"라고 말했다.

최근 언론을 통해 통합진보당 사태가 집중 보도되고 있다. '김일성주체사상파(주사파)' 출신 국회의원 6명이 국회에 입성하며 그들의 보좌관 등을 포함하면 약 50명의 주사파가 국회로 진입한다고 하니 심각하게 우려되는 상황이다. 세계 10대 종교로 선정된 김일성주체사상교가 남한에도 너무 깊숙이 들어와 있다.

그나마 감사한 것은 주사파들의 실체가 계속 드러나면서 많은 국민들이 이제라도 주사파들의 남한사회 침투를 깨닫기 시작했다는 것이다. 오랜 기간 동안 국가기도자들은 조국을 위해 금식하며 주사파들의 실체가 드러나도록 기도해 왔다.

감추인 것이 드러나지 않을 것이 없고 숨긴 것이 알려지지 않을 것이 없나니 (눅 12:2)

"주님, 감추인 것이 드러나지 아니할 것이 없다고 했는데, 남한 땅 깊숙한 부분까지 침투되어있는 주사파들의 실체가 다 드러나게 하옵소서!"

세계 10대 종교

순위	종교	교인 수(명)
1위	기독교	21억
2위	이슬람	15억
3위	무종교	11억
4위	힌두교	9억
5위	중국 전통 종교 (유교,도교 등)	3억 9400만
6위	불교	3억 9400만
7위	원시 토착 종교 (애니미즘, 샤머니즘 등)	3억
8위	아프리카 전통 종교	1억
9위	시크교	2300만
10위	**주체사상**	**1900만**

김일성주체사상교. 교주: 김일성, 김정일/ 교리: 김일성주체사상/ 교인: 북한 전 주민. (자료출처=어드히어런츠닷컴)

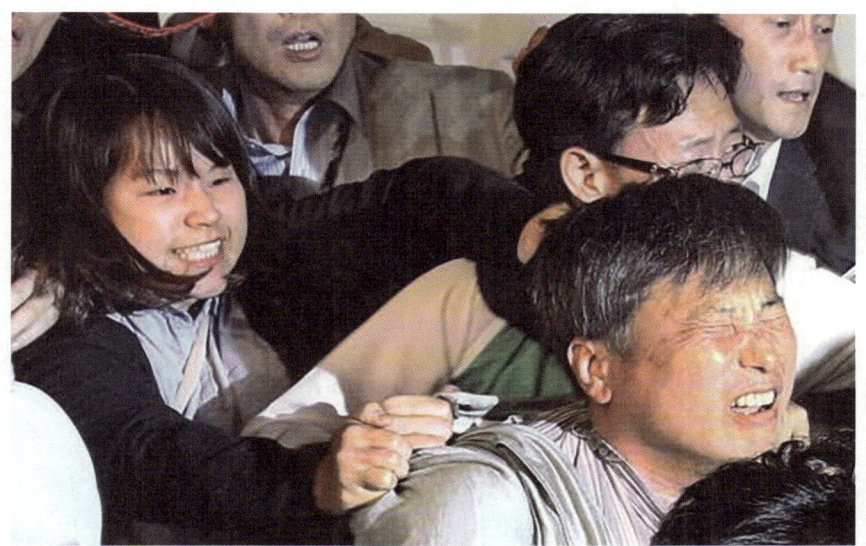

지난 달 12일 열린 통합진보당 중앙위원회 폭력사태(통합진보당 소속 박 모 씨(24)가 조준호 전 공동대표의 머리채를 잡아당기고 있다.)

"기드온의 300용사가 항아리를 깨고 횃불을 들고 나팔을 불었을 때 미디안 대군이 스스로 분열하여 서로의 칼날에 망한 것 같이, 남한에 침투된 주사파 세력들이 스스로 분열하여 무너지게 하여 주시옵소서."

최근 언론보도들을 주시하면서 주님께서 기도한 대로 응답하시는 것을 목도한다.

김일성주체사상의 영적 실체

"… 종교인들을 함께 데리고 공산주의 사회로 갈 수가 없습니다. 그래서 우리는 기독교, 천주교에서 집사 이상의 간부들은 모두 재판해 처단해 버렸고 그 밖의 일부 종교인들 중에서 악질들은 모두

"재판하였습니다. 그리고 일반 종교인들은 본인이 개심하면 일을 시키고 개심하지 않으면 수용소에 가두었습니다. … 종교인들은 죽여야 그 버릇을 고친다는 것을 알게 되었습니다."
- 1962년 김일성의 사회안전부 하달 교시

"학교에서 유교, 불교 등이 있다고 배우기는 했지만, 북한에는 종교의 자유가 없다. 우리 어머니는 기독교 집안에서 태어나셨다. 그 사회에서 기독교인이거나 종교를 믿는다고 하면 그 자리에서 없어진다. 종교가 사회를 좀먹는 아편이라고 보기 때문에 종교의 유포는 조금도 허용하지 않는다. 지금에 와서 생각해보니 우리 어머니가 그때 기도를 하셨는데, 그 모습을 나는 그때 잠깐 눈을 감고 사색하시는 것으로 생각했다. 어려움이 있을 때마다 어머니는 눈을 감고 기도하셨다. 1948년도부터 종교탄압이 시작되었으며, 1950년대, 60년대에는 종교인을 무조건 죽이고 탄압하였다."
- 탈북민 증언

출처 : 모퉁이돌선교회 「북한의 종교 탄압과 순교」

탈북자들의 증언을 통하여 북한 내부 성도들의 실상이 세상에 알려지고 있다. 오픈도어 선교회에 의하면 북한 내부에는 약 40만 명의 지하교회 성도들이 있다. 북한에서 예수 믿는 친구를 통해 주님을 영접하고 신앙생활을 하다가 청소년 때 탈북하여, 지금은 서울에서 신학대학원을 다니며 목회자의 길을 준비하고 있는 탈북민도 있다.

북한에서 예수 믿다가 발각되면 정치범수용소에 끌려가 고문, 생체실험, 공개처형(사형) 등 믿기 어려운 학살을 당하게 된다는 것이 탈북민들을 통해 잇따라 폭로되고 있다. 해마다 발표되는 기독교 박해지수에 의하면 북한은 최근 10년 연속 세계 1위 기독교 박해국이다. 2010~2012년 3년간 박해지수를 살펴보면 아래와 같다.

기독교 박해지수 최상위 10개국 (오픈 도어즈)

2014년 순위	박해국가	2014년	2013년	2012년
1	북한	90	87	88
2	소말리아	80	74	66.5
3	시리아	79	70	39
4	이라크	78	74	57
5	아프가니스탄	78	74	67.5
6	사우디아라비아	78	75	67.5
7	몰디브	77	74	63
8	파키스탄	77	63	56.5
9	이란	77	72	66
10	예멘	74	72	56

오픈도어 선교회 발표에 의하면 기독교를 가장 극심하게 박해하는 상위 10개국 중에서 9개국이 이슬람교 국가들이고, 한 나라만 '김일성주체사상교' 국가이다. 그런데 김일성주체사상을 신봉하는 북한의 기독교 박해지수는 기독교를 심각하게 핍박한다고 알려진 이슬람교 국가들과 비교될 수 없을 정도로 최악의 박해 상황을 보여 준다. 지난 10년간 기독교 박해지수를 고려할 때 북한의 기독교 탄압은 역사상 유례를 찾기 어려우며, 김일성주체사상교가 왜 21세기의 가장 강력한 적그리스도의 영인지를 알 수 있다.

이렇게 강력하게 기독교를 대적하는 김일성주체사상이 남한 땅 깊숙한 데까지 침투되었다는 것은 실로 국가적 위기상황이라 할 수 있다. 대학가에 파고들어 온 주체사상은 많은 젊은이들의 영혼을 김일성이라는 우상 앞에 충성서약 하게 만들었다. 파우스트가 자기의 영혼을 악마에게 팔았듯이 수많은 사람들이 캠퍼스에서 김일성 충성서약서를 쓰고 그들의 생명과 일생을 김일성에게 바쳤다. 어떤 학생들은 이 충성서약서를 혈서로 썼고, 이 혈서를 마치 부적을 지니고 다니듯이 몸에 소지하고 다닌 사람들도 있다.

김일성 충성서약서

"위대한 수령님 김일성 동지와 우리의 지도자 김정일 비서의 만수무강과 한민전의 영도 아래 이 한 목숨 끊어질 때까지 투쟁하겠다는 결의 결단으로 나아가자 … 위대한 수령 김일성 장군님을 따라 숨통이 끊어지는 그날까지 죽음으로 (남한적화)혁명을 사수하며 조국과 민족이 완전히 해방되는 그날까지 열사 헌신하겠습니다"

출처: 전대협을 장악한 주사파 지하조직 중 하나인 자민통이 1990년 8월 중순 한탄강 소재 민박촌에서 각 대학 총학생회장 등에 출마할 88학번 6명(한○○, 최○○, 천○○, 강○○, 김○○, 박○○)과의 MT에서 김일성에 대한 충성 맹세 강령·규약 中

끝까지 사퇴 거부/ 통합진보당 김재연 당선자의 정체

한국외대 총학생회장을 지낸 김재연 당선자는 한총련 대의원(2002년 10기) 출신이다. 김 당선자가 '사회정의 실현단체'로 표현한 한총련은 북한 대남적화노선을 노골적으로 주장하다 1998년 이적단체로 판시된다.

한총련은 온갖 이슈가 터질 때마다 불법폭동을 이끌며 김정일 정권의 전위대 역할을 자임해왔다. 예컨대 2003년 8월 7일 한총련 소속 12명은 '미군 스트라이커 부대의 국내 훈련 반대'를 명목으로 경기 포천군 미8군 종합사격장에 기습 진입, 장갑차를 점거했다. 이날 이들은 미군의 성조기를 빼앗아 불태우는 퍼포먼스를 벌였다.

한총련은 2005년 9월 11일 인천 자유공원 내 맥아더 동상 파괴 기도에 가담하는가 하면 2008년 5월 미국산 쇠고기 수입반대 촛불시위에 주도적으로 참여했고 2009년 7월 77일간의 쌍용자동차 공장 점거 농성에도 가세했다.

대법원은 "한총련은 북한의 주체사상을 지도사상으로 설정하고 자유민주주의 체제를 부정해 왔다(2004도 3212)"고 판시한 바 있다.

한총련 의장은 김정일 찬양구호인 '결사옹위'를 혈서로 써 지니고 다니다 입건되기도 했었다(2003도 604). 당시 대법원은 "한총련 소속 학생들이 북한의 김정일 찬양구호인 '수령결사옹위'에서 인용한 '결사옹위'라는 문구를 가로 114cm, 세로 89cm의 흰 천에 혈서를 써 한총련 의장에게 선물한 뒤, 한총련 의장이 이 혈서를 소지하고 다녔다"고 밝혔다.

한총련은 특히 김일성이 일으킨 6·25에 대해서 '통일을 위한 미국과 한민족의 전쟁이므로 조국해방전쟁'이라고 적었다.

한총련 출신이 간첩 행각을 벌이다 구속된 사례도 많다. 지난해 10월 서울중앙지법 형사29부(부장 배준현)는 북한의 지령을 받아 간첩활동을 한 혐의(국가보안법 위반)로 기소된 한총련 前간부 김모(36·여) 씨에게 징역 3년 6개월을 선고하고 법정 구속했다.

김씨는 2005년 김일성 주석의 시신이 안치된 금수산기념궁전을 방문해 "수령님의 유훈인 조국(적화)통일을 위해 일꾼이 되겠다"는 방명록을 작성하고, 국내 각 대학 총학생회 성향을 분석한 '한국대학생연합 현황' 문건 등을 작성해 북한에 전달한 혐의로 2010년 11월 불구속 기소됐었다.

김재연 당선자의 남편인 최호현(38) 씨는 결혼한 지 1년여 만인 작년 4월 국가보안법 위반 혐의로 구속됐다. '자본주의연구회'라는 단체를 조직해 2008년 9월부터 김일성 회고록인 '세기와 더불어' 및 '주체사상에 대하여' 등 이적표현물 90여 건을 소지하고 주변에 이를 나눠준 혐의다.

2012년 5월 7일 (리버티헤럴드)

한국교회가 통일교와 신천지에 대해서는 경각심을 갖고 '신천지 출입금지' 등을 교회 출입구에 붙이면서도 통일교나 신천지보다 훨씬 더 위험한 김일성주체사상교에 대해서는 무방비 상태에 있었다. 그래서 수많은 젊은이들을 주사파에 빼앗겼고, 주사파의 영향력으로 많은 젊은이들이 대한민국은 태어나지 않았어야 될 나라라고 이야기하며, 국가의 정통성이 북한에 있고, 6.25는 북침이었다고 주장하며, 교회는 일종의 범죄집단이라고 공격한다.

주사파들의 인터넷 여론몰이로 전도 대상인 청소년들과 청년들이 반국가적이고 안티기독교화 되어 가고 있다. 심지어 교회 다니는 청년들까지 교회에 대해서 회의적이며 비판적이 되어 교회를 떠나고 있다. 교회를 박멸시키려는 이들의 공격 앞에서 교인들은 교회를 떠나가고 갈수록 교회의 생존마저 어려운 상황이 되어 가고 있다. 이제는 교회에서 주체사상의 영적 실체를 정확히 가르치고 성도들이 주체사상을 대적하게 함으로, 교회와 국가를 마귀의 궤계로부터 보호하며 바르게 세워 가야 한다.

> 그런즉 **너희는** 하나님께 순복할찌어다 마귀를 대적하라 그리하면 **너희를** 피하리라 (약 4:7)

국가적 영적 전쟁과 기도

> 우리의 씨름은 혈과 육을 상대하는 것이 아니요 통치자들과 권세들과 이 어둠의 세상 주관자들과 하늘에 있는 악의 영들을 상대함이라 (엡 6:12)

올 12월 대선은 김일성주체사상교와 한국교회와의 국가적 영적 전쟁이라고 할 수 있다. 2012년 대선을 위해 최선을 다해 기도하라고 거듭 당부하셨던 김준곤 목사님께서는 2009년 9월 29일 주님 품에 안기셨다. 이제 목사님께서 말씀하셨던 2012년의 한복판에 서 있다. 12월 대통령선거를 앞두고 무엇을 심어야 이 민족과 교회를 위하여 의와 평강의 열매를 거둘 수 있을지 생각해 본다.

> 이르시되 기도 외에 다른 것으로는 이런 종류가 나갈 수 없느니라 하시니라 (막 9:29)

예수님께서는 제자들이 왜 자신들은 귀신을 내쫓지 못했냐고 물었을 때 기도 외에는, 다른 방법으로는 귀신을 내쫓을 수 없다고 말씀하셨다. 영적 전쟁에서 기도 없는 승리는 없다. 국가와 교회를 함께 살릴 수 있는 길도 '기도' 외에는 다른 대안이 없다.

하나님이 함께하시지 않으면 남한교회는 5만 명이 넘는 공작원들을 이길 수 없다. 그러나 기도하면 기드온의 300용사가 미디안 군사 135,000명을 무너뜨린 것 같이, 하나님께서 교회를 대적하는 남한적화 세력들을 스스로 분열하여 패망케 하실 것이다.

한국교회와 이 민족을 살리기 위한 주님의 전략은 무엇인가?
누가 주님의 마음을 알아 주님의 전략을 이 땅 위에 펼쳐갈 것인가?

7차 JESUS ARMY 성회(2012. 2. 13-18)에 참석한 성도들이 손에 손을 맞잡고 합심하여 기도하는 모습

주님께서는 이 땅의 거룩을 위해, 그리고 김일성주체사상의 억압 속에서 복음 듣지 못하고 죽어가는 북한 동포들을 구하기 위해 JESUS ARMY 컨퍼런스를 시작하셨다. 즉 김일성주체사상을 무너뜨리고 이 땅과 민족을 거룩하게 할 예수군대를 일으키시는 것이다.

국가적으로 위중한 2012년, 이제 우리는 거룩한 통일한국을 이룰 올바른 대통령이 세워지도록 다 함께 모여 금식하며 철야하며 기도해야 할 때다. 이 기도의 부르심이 곧 7월 2일(월)~7일(토), 5박 6일 동안 진행되는 JESUS ARMY 컨퍼런스이다.

심은 대로 거두리라

가을에 추수하기 위하여 봄에 씨앗을 뿌리듯이, 이제 올 12월 대통령선거를 위해서 우리는 지금 '기도의 씨앗'을 심어야 한다. 느헤미야와 같이 우리 자신과 이 민족이 범죄한 죄들을 하나님 앞에 자복하며 회개해야 한다. 나아가 이 땅 가운데 죄악으로 무너진 영역들을 수축하며, 하나님 보시기에 합당한 대통령이 선출될 수 있도록 국가적 영적 기상도를 바꾸어 나갈 거룩한 예수군대를 일으켜야 한다.

> **이 땅을 위하여 성을 쌓으며 성 무너진 데를 막아 서서 나로 하여금 멸하지 못하게 할 사람을 내가 그 가운데에서 찾다가…** (겔 22:30)

이제 우리는 7월 초, 8차 JESUS ARMY 컨퍼런스 '조국을 위해 울라'를 기도의 씨앗으로 주님 앞에서 심을 것이다. 우리 모두가 달려와서 조국을 위해 울며 이 민족과 교회를 위하여 '기도의 씨앗'이 되어야 할 때이다.

 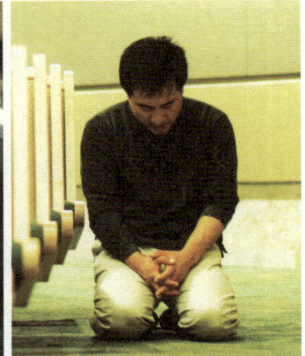

2012년 2월에 열린 북한구원 금식성회-7차 JESUS ARMY에 참석한 청년들이 무릎을 꿇고 간절히 기도하고 있다.

한 알의 밀알이 땅에 떨어져 죽으면 30배, 60배, 100배의 결실을 맺듯이, 우리가 시간과 재물과 생명을 드려 기도의 제물이 된다면 민족을 구원하는 거룩한 역사를 주님께서 친히 이루실 것이다. 거룩한 통일한국을 이룰 대통령이 선출되고, 북한 동포들이 해방되어 기쁨으로 주님께 예배하며, 남북한 성도들이 손에 손을 잡고 복음 들고 땅끝까지 달려가는 꿈같은 일들이 일어날 것이다.

> 눈물을 흘리며 씨를 뿌리는 자는 기쁨으로 거두리로다.
> 울며 씨를 뿌리러 나가는 자는 반드시 기쁨으로 그 곡식 단을 가지고 돌아오리로다 (시 126:5-6)

6

하나님의 통일전략, '통일광장기도회'

2012년 8월호

눈물을 흘리며 씨를 뿌리는 자는 기쁨으로 거두리로다

(시 126:5)

하나님의 통일전략, '통일광장기도회'

2012년 8월호

JESUS ARMY

2008년 8월 남해에서 청년들과 수련회를 마치는 마지막 밤이었다. 복음 듣지 못하고 죽어가는 북한 동포들의 영육구원을 위하여 많은 젊은이들이 헌신하기 시작했다. 이제는 무디어진 남한 국민들의 양심과 한국교회 성도들의 무관심을 일깨워야 할 때임을 통감했으며, 또 이 부르심을 향해 헌신된 하나님의 군대가 일어나야 할 때임을 절감했다. 기독교인이 가장 핍박받는 '땅끝' 북한, 그리고 전 세계 167개국 중 최하위 민주화 지수를 기록한 '최악의 독재국' 북한, 이 땅을 위한 주님의 'New Exodus(새 출애굽)' 북한구원 예수군대 프로젝트를 시작하시는 하나님의 카이로스의 타임이었다.

> **너는 그리스도 예수의 좋은 병사로 나와 함께 고난을 받으라** (딤후 2:3)

북한을 구원하기 위한 하나님의 군대는 'JESUS ARMY'로 명명되었다. 애굽의 바로와 같이 북한을 억누르고 있는 김일성주체사상과 '독재 3대

세습'으로부터 북한 동포들을 해방시킬 '예수 군대'를 주님께서는 일으키고 계셨다.

> **북한구원 예수군대 JESUS ARMY 컨퍼런스를 시작하며…**
>
> 주님께서는 내게 6.25의 전세를 단숨에 뒤바꾸었던 인천상륙작전을 떠올리게 하셨다. 영토를 다 빼앗기고 수많은 젊은 군인들이 총알받이로 죽어가면서도 사력을 다하여 마지막으로 낙동강 방어선을 지키고 있었던 상황 속에서, 인천상륙작전을 통하여 서울을 탈환하고 북진하여 압록강과 두만강까지 진격했던 거사(巨事)를 주님은 지금 조국의 현실 속에서 다시 한 번 펼치기를 원하셨다. … 강한 용사를 길러내기 위해서는 할 수만 있다면 더 많은 시간이 필요했다. 1년에 한 번 가지고는 안 되고, 여름과 겨울 1년에 두 번씩 5박 6일 동안 강도 높은 훈련으로 그리스도 예수의 용맹한 전사들을 길러내는 것이다.
>
> (「조국을 위해 울라」 6장 '북한구원 예수군대' 중)

2009년 2월, 제1차 JESUS ARMY 컨퍼런스 (양수리수양관)

북한을 위해 금식하다
- 북한구원 월요기도운동

2009년 2월, 첫 JESUS ARMY 컨퍼런스 때부터 성회 중 하루는 북한 구원을 위하여 금식하며 기도했다. 3차 JESUS ARMY 컨퍼런스는 '북한구원 금식성회'로 정하고 5박 6일 중 첫 3일을 북한 동포들의 흉악의 결박을 풀기 위해 금식하고, 나머지 이틀을 죽을 먹으며 진행했다. 이 성회 마지막 날, 참석자들은 JESUS ARMY 컨퍼런스 때만 함께 북한을 위해 금식할 것이 아니라 각자의 자리에 돌아가서도 계속적으로 북한구원을 위해 금식하며 합심하여 기도하기로 결정하였다. 그렇게 시작된 것이 '북한구원 월요기도운동'이다.

월요기도운동은 매주 월요일 혹은 정한 요일에, 한 끼를 북한구원을 위해 금식하고, 식사 시간 약 20분 정도를 북한을 위해 기도하는 시간으로 드리며, 한 끼 밥값을 북한구원 헌금으로 드리자는 운동이다. 그리고 각자가 속한 지역의 북한구원 월요기도모임에 참여하여 함께 마음 모아 기도하는 것이다.

> **북한구원 월요기도운동**
> 1. 매주 월요일 북한구원을 위해 한 끼 금식기도
> 2. 금식한 한 끼 밥값을 북한구원 금식헌금으로 드림
> 3. 북한구원을 위한 지역별 기도모임 동참

3차 JESUS ARMY 컨퍼런스 직후 28곳에서 시작된 월요기도운동이 국내외로 확산되어 현재 280여 곳에 이르렀고, 약 4천 명 이상의 기도자들

이 참여하여 북한을 위해 금식하며 기도하게 되었다. 이렇게 시작된 북한구원 월요기도모임과 기도하는 성도들을 돕기 위해 만들어진 북한구원 소식지가 월간 「JESUS ARMY」이다. 월간 「JESUS ARMY」는 북한을 사랑하시는 예수님의 마음을 담아 나르는 소식지로 국내외 많은 기도자들에게 북한을 위한 최신 기도정보와 기도제목들을 전달하고 있다.

통일광장기도회

월요기도운동의 불길이 전국과 해외로 번져가면서, 더 이상 건물 안이나 예배당 안에서만이 아니라 광장과 거리로 나가 하나님께 찬양하고 북한구원을 위해 기도하고 외쳐야 한다는 감동이 새로운 도전으로 다가왔다. 故 김준곤 목사님의 말씀대로 광장과 거리를 되찾아 하나님께 찬송과 기도와 예배를 올려드림으로 거룩한 나라와 통일한국의 새 역사를 만들어 가는 것이다.

> "악마의 전략 가운데 가장 큰 전략은 기독교인을 거리로 나오지 못하게 하고 교회 건물 속에 가두는 것입니다.
> 우리는 거리로 나가서 기도해야 합니다.
> 거리의 기도회를 전국적으로 확산시켜야 합니다.
> 우리들은 더 이상 예수님을 교회 안에만 가두지 않아야 합니다.
> 건물 속에만 있지 않아야 합니다.
> 세상으로 나와서, 밖으로 나와서 거리에서 예수의 이름을 부르고 찬송을 합시다.
> 거리와 광장에서 기도하고 전도하며 나라의 역사를 만들어 갑시다!"
> – 2008년 6월 25일 시청 앞 광장 구국금식기도회에서
> 故 김준곤 목사님 (한국 CCC 설립자/에스더기도운동 초대고문)

독일 통일의 초석이 된 니콜라이 교회의 월요기도회에 나온 시민들

독일 통일의 초석이 되었던 동독 니콜라이 교회의 월요기도운동 또한 교회 안의 월요기도회에서 시작하여 수만 명이 운집하는 거리 촛불기도회로 확산되었다. 1989년 10월 9일 월요기도회가 끝난 뒤 광장과 거리로 나온 7만 명에 이르는 시민들의 손에는 촛불이 들려 있었고 그들의 입은 '자유'를 선포했다. 그리고 정확히 한 달 뒤인 11월 9일 동서독 분단의 상징이었던 베를린 장벽이 무너져 내렸다.

1989년 9월 4일, 1천 명이던 월요시위가 한 달 후 7만 명으로 늘어났다.

"하나님께서 움직이셨기에 베를린 장벽이 무너지고 독일의 통일이 가능했습니다.
동독과 서독의 하나님은 한국의 하나님이기도 하십니다.
한국도 살아계신 하나님께 기도하는 방법밖에는 없습니다.
인간이 이루어내는 통일이 아니라, 결국 하나님께서 어느 순간 우리에게 선물로 주시는 통일이 중요합니다.
통일이 논리적으로는 이뤄질 것처럼 보이지 않지만, 하나님의 때에 홀연히 우리에게 다가올 텐데 우리는 기다리면서 기도하며 그 기도를 실천에 옮겨야 합니다."

- 독일 니콜라이 교회의 크리스티앙 퓌러 목사님 (8년간 월요기도운동을 통하여 베를린 장벽을 허물었고 동서독 통일을 위한 기도의 초석을 놓음)

니콜라이 교회의 크리스티앙 퓌러 목사

2011년 여름, 7차 JESUS ARMY 컨퍼런스에 모인 참석자들은 광장과 거리에서 북한구원과 거룩한 복음통일을 위해 기도하는 '통일광장기도회'를

4월 2일 고난주간 첫날 부산역 광장에서 부산기독교총연합회와 부산성시화운동본부 등 부산 교회가 연합하여 개최한 '탈북민 강제북송 저지와 평화통일을 위한 광장연합촛불기도회'

4월 23일, 북한자유주간을 맞아 수잔 숄티 여사와 국내외 북한인권 활동가, 기도하는 성도들이 함께 촛불기도회를 갖고 중국대사관에서 서울역까지 탈북자 북송저지를 위한 '거리행진'을 벌였다.

가질 것을 결단하였고, 10월 31일 서울역에서 첫 통일광장기도회가 열렸다. 이어 12월에는 부산 고신대 청년들이 부산역에 나가 기도하기 시작하여 부산 통일광장기도회의 문을 열었다.

부산역 광장에서는 지난 4월 2일 고난주간을 맞아 부산기독교총연합회와 부산성시화운동본부 등 부산 교회가 연합으로 주관하여 통일광장기도회를 진행했다. '탈북민 강제북송 저지와 평화통일을 위한 광장연합촛불기도회'에는 수많은 성도들이 참석했다. 참석자 모두는 고난주간을 맞아 북한 동포들의 고난을 묵상하며 계속 비가 오는 가운데서도 자리를 떠나지 않고 끝까지 함께 기도했다.

지난 4월 23일, 서울역 통일광장기도회는 북한자유주간(2012.4.22~5.1)을 맞아 수잔 숄티 여사를 비롯한 국내외 북한인권 활동가 및 단체들과 북한을 위해 기도하는 성도들과 함께 '탈북자 강제북송 저지 촛불기도회'를 가

109

서울 통일광장기도회는 6월 25일 서울역에서 6.25 전쟁 62주년을 맞아 '탈북자 강제북송 저지 및 북한인권법 제정 촉구 통일광장국민대회'를 열었다.

졌다. 중국대사관에서부터 서울역까지 탈북자 북송 저지를 위한 '거리행진'을 가진 후 뜨거운 마음으로 서울역 광장에 다 함께 모여 북한 동포들의 생명과 자유와 인권, 그리고 탈북민 강제북송 중단 및 유엔 난민 인정을 위한 간절한 기도를 올렸다.

6.25 전쟁 62주년을 맞은 6월 25일(월) 서울역 통일광장기도회는 '탈북자 강제북송 저지 및 북한인권법 제정 촉구 통일광장국민대회'로 열렸다. 북한인권법 제정을 위하여 애쓴 인사들과 운동가들이 함께하여 탈북자 북송 중단, 북한인권법 제정, 북한 동포들의 구원과 통일한국을 위해 목소리를 높여 다 함께 기도했다.

통일광장기도회는 전국으로 번져 나가 현재 10개 지역에서 열리고 있다. 월요일에는 서울, 부산, 당진, 구미, 원주, 여수에서, 화요일에는 대전, 안양, 부평, 충주에서, 각 도시 역과 터미널 광장 등에서 북한구원을 위한 간절한 기도와 찬양과 외침이 동시에 울려 퍼지고 있다. 또 대구, 안산, 춘천, 청주, 제천 등 5개 지역에서도 기도하며 통일광장기도회를 준비하고 있다.

전국 통일광장기도회

서울 통일광장기도회

부산 통일광장기도회　　당진 통일광장기도회　　원주 통일광장기도회

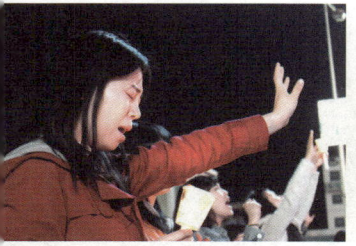

대전 통일광장기도회　　안양 통일광장기도회　　부평 통일광장기도회

구미 통일광장기도회　　충주 통일광장기도회　　뉴질랜드 통일광장기도회

특히 멀리 뉴질랜드에서 보내 온 해외 통일광장기도회 영상은 감동적이었다. 오클랜드 아오테아 광장과 거리에서 교포 청년들이 "북한에게 자유를!", "Freedom to North Korea!" 등 한국어와 영어로 번갈아 북한 동포들의 해방과 구원을 크게 선포하며 찬양과 기도를 주님께 올려드리고 있었다. 전 세계 7백만 한인 디아스포라들이 있는 모든 나라의 광장과 거리에서 한국어와 각 나라 언어로 북한구원을 위한 기도와 찬양이 주님께 올려지기를 기도드린다.

8.15 공동기도문

1945년 8월 15일, 대한민국의 광복은 하나님의 기적이며 주님께서 이 민족에게 주신 특별한 선물이었다. 일제 치하에서 수많은 젊은이들이 전쟁터로 끌려 나가 생명을 잃고, 여인들은 정신대로 끌려가고, 계속되는 전쟁 공출로 경제가 파탄에 이르고, 신사참배 강요로 많은 목회자들과 성도들이 감옥에 끌려가고 신앙이 유린당하고 있을 때, 하나님께서는 이 민족과 성도들의 고통과 신음소리를 들으시고 '꿈같은 해방과 자유

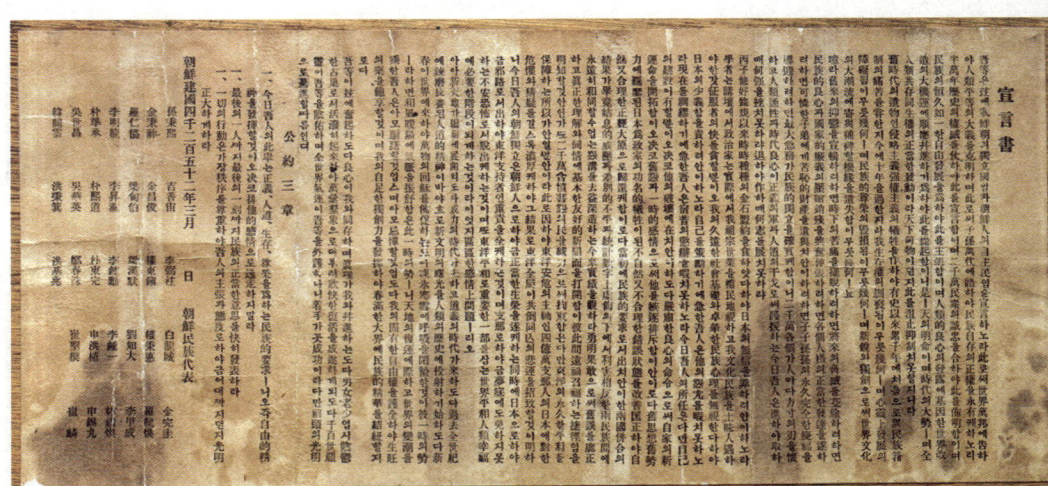

1919년 3월 1일 조국의 자주독립을 위해 전국에서 낭독되었던 독립선언서 (사진출처=독립기념관)

의 날'을 주셨다.

광복 67년을 맞았지만 아직도 억눌림과 고통 속에서 신음하는 북한 동포들과 북녘 땅을 바라보며, '반쪽의 광복'에서 이제는 '온전한 광복'을 맞기를 소원하며 '통일광장기도'의 부르심을 되새긴다.

이 땅에 해방과 독립을 주신 하나님께 대한 감사 기도와 함께, 아직도 노예처럼 억압 속에서 살다가 복음 듣지 못하고 지옥 가는 북녘 동포들의 해방과 자유와 구원을 위한 간절한 기도가 이번 8.15를 맞는 통일광장기도회에서 전국적으로 하나님께 올려질 것이다.

1919년 3월 1일 이 민족의 자주독립을 천명하며 전국적으로 선포된 '독립선언문' 같이, 북한구원과 조국의 온전한 광복을 위한 '8.15 공동기도문'을 전국 통일광장기도회에서 한 마음으로 선포하고 하나님 앞에 간절히 기도할 것이다. 해외 통일광장기도회에서도 '8.15 공동기도문'이 동일하게 선포될 것이다. 1919년 3.1절 독립선언문 발표와 더불어 "대한 독립 만세!"를 외치는 함성이 온 국토를 뒤흔든 것 같이, 이번 8.15에는 광복을 주신 하나님께 감사하며, 북한 동포들의 해방과 구원을 위한 간절한 기도와 선포가 대한민국과 전 세계에 울려 퍼지기를 기도드린다.

8.15 공동기도문

역사의 주관자 되시는 하나님,
67번째의 광복절을 맞이하며 일제 36년의 압제로부터
해방과 광복을 주신 하나님께 감사와 찬양과 경배를 드립니다.
'하나님이 보우하사 대한민국 만세'를 외칠 수 있게 하시니 감사합니다.

은혜로우신 하나님,
피비린내 나는 6.25 전쟁으로 국토가 잿더미가 되고,
남북은 분단된 채 동족상잔의 전쟁 위기가 계속되었지만
산업화, 민주화를 이루고 세계가 주목하는 자랑스러운 대한민국을 세운 것은 오직 하나님의 도우심이요, 하나님의 은혜임을 고백합니다.

거룩하신 하나님,
그러나 사람들은 하나님의 은혜로 자유를 누리며 잘살게 되었지만
탐욕과 거짓으로, 음란과 폭력으로, 우상숭배와 중독으로 병들어 죽어갑니다. 그리고 사회는 지역 간, 세대 간, 빈부 간, 이념 간, 노사 간 갈등이 가득합니다.
소금과 빛 되어 이 세상을 변화시켜야 할 교회는
오히려 거룩을 잃고 분쟁에 휩쓸려 세상의 비난과 조롱을 받고 있습니다.
주여, 우리가 죄인입니다. 우리를 불쌍히 여기소서.

의로우신 하나님,
한반도 북녘 땅을 위해 기도합니다. 북한 동포들을 불쌍히 여겨 주소서.
3대 독재권력에 의해, 김일성주체사상 우상종교에 의해 자유도, 인권도 상실하고 굶어 죽고, 얼어 죽고, 병들어 죽고, 맞아 죽는 북한 동포들을 기억하소서.

복음 들을 기회도 없이 죽어서는 지옥 가는 북한 동포들을 기억하소서.
예수 믿는다는 이유로, 성경을 읽었다는 이유로 정치범수용소에 수감되어
인권을 유린당하고 짐승처럼 살아가는 북한 성도들을 기억하소서.
주여, 북한 동포들을 해방하시고, 북한 성도들을 구원하소서.

평강의 하나님,
한 민족이지만 남과 북은 서로 미워하고 대적하며 60여 년을 살아왔습니다.
'불바다'로 만든다는 전쟁 협박과 핵무기까지 등장한 상황 속에서
민족말살의 전쟁이 다시는 없게 하소서.

지난 17년 동안 400만 아사자, 수십만 탈북자, 정치범수용소가 웬 말입니까?
북녘 땅에 생명과 자유와 인권이 보장되고
사람이 사람답게 사는 세상이 오게 하소서.
천만 이산가족의 한을 풀어 주시고,
탈북동포들과 북한 동포들의 눈물을 씻어 주소서.
이 겨레의 소원, 자유민주주의 평화통일이 속히 오게 하소서.
이 민족의 오늘과 내일이 오직 주님의 손에 있습니다.
통일 조국, 거룩한 대한민국을 주님께서 이루어 주소서.
남과 북이 하나 되어 손에 손잡고, 열방에 선교하는 나라가 되게 하소서.

한반도의 통치자이신 예수님의 이름으로 기도드립니다. 아멘!

안용운 목사(온천교회/부산성시화운동본부 사무총장)

7

거룩한 통일한국 이룰
차기 대통령

2012년 9월호

여호와를 자기 하나님으로 삼은 나라
곧 하나님의 기업으로 선택된 백성은 복이 있도다

(시 33:12)

거룩한 통일한국 이룰 차기 대통령

2012년 9월호

하나님께서 세운 나라 대한민국

하나님께서는 우리에게 전 세계가 놀랄 만한 해방과 자유와 큰 축복을 주셨다. 전쟁의 폐허 위에서 세계에서 유례없는 초고속 경제성장을 이루게 하셨다. 1960년에 세계에서 두 번째로 못살았던 우리나라는 국가적으로 경제성장을 위하여 총력하며 '한강의 기적'을 낳았고, 현재 경제 규모 세계 12위권 이내로 발돋움했다. '원조받던 나라에서 원조하는 나

(사진출처=http://daytrip.tistory.com100)

라로' 유일하게 탈바꿈한 나라가 되었다. 현재 우리는 1인당 GDP가 2만 불이 넘어서고, 연간 음식쓰레기가 18조 원에 이르는 민족 역사상 최고의 번영과 풍요의 시대를 누리고 있다. 1945년 2차 대전 이후 현재까지 전 세계에서 최고의 경제성장을 이룬 나라로 UN, 월드뱅크 등이 한국을 지목했다.

뿐만 아니라 한국은 영적으로도 크게 축복을 받았고, 아시아에서 가장 신앙생활 하기에 좋은 나라가 되었다. 지난 50년간 초고속 경제성장 신기록에 비견할 만한 영적인 신기록을 우리는 갖고 있다. 1885년 아펜젤러, 언더우드 선교사가 입국하여 본격적인 선교활동이 시작된 지 127년 만에 한국교계는 6만 교회와 1천만 성도 규모로 성장하였고, 현재 세계 10대 교회 중 7개가 한국 교회이다. 또 한국은 약 25,000명의 해외선교사를 파송하여 약 45,000명을 파송한 미국에 뒤이어 세계 제2위 선교사 파송국이 되었다. 그런데 미국의 인구가 3.3억으로 남한 인구 5천만의 6.6배인 것을 감안한다면, 인구 비례로는 한국이 미국을 추월하여 세계 1위 선교사 파송국임을 알 수 있다. 전 세계에서 유례를 찾아볼 수 없는 선교의 열매를 맺은 것이다.

아펜젤러 선교사

언더우드 선교사

1948년 5월 31일 대한민국 국회가 처음 개원한 날, 이윤영 의원의 기도로 첫 국회가 시작되었다. 일본의 압제 속에서 광복을 주신 하나님께 대한 감사와 남북통일과 세계평화를 위한 기도로 대한민국이라는 극가는 시작되었다. 기독교인이 전 국민의 2%도 안 되었던 정부 수립기에 대한민국은 기도로 시작된 특별한 나라였고, 하나님께서는 이 기도에 응답하셔서 놀라운 번영과 축복을 주셨으며, 이제 남북통일을 눈앞에 두게 하셨다.

거룩한 나라

하나님께서는 이 민족을 사랑하시고, 또 열방에 복음을 증거하는 나라가 될 수 있도록 이와 같은 특별한 축복을 주셨다. 그러나 지금 한국은 하나님이 주신 그 자유와 축복을 오용하여 도리어 음란과 돈을 사랑함과 각종 우상숭배의 길로 나아가고 있다. 우리가 국가적으로 계속 음란하고 하나님을 배역한다면 하나님께서는 한국교회에 계획하셨던 선교적 사명의 촛대를 옮기실 수도 있다.

> 큰 집에는 금 그릇과 은 그릇뿐 아니라 나무 그릇과 질그릇도 있어 귀하게 쓰는 것도 있고 천하게 쓰는 것도 있나니 그러므로 누구든지 이런 것에서 자기를 깨끗하게 하면 귀히 쓰는 그릇이 되어 거룩하고 주인의 쓰심에 합당하며 모든 선한 일에 준비함이 되리라 (딤후 2:20-21)

하나님 나라에는 금 그릇, 은 그릇 등 각종 그릇이 있어도 주님이 쓰시는 그릇은 깨끗한 그릇이다. 깨끗한 개인, 깨끗한 교회, 깨끗한 민족, 깨끗한 국가를 사용하신다. 우리 민족은 이제 무엇으로부터 깨끗해져야 하는가?

● 낙태

첫째, '낙태'이다. 한국은 현재 전 세계에서 낙태율 1위를 기록하고 있다. 1994년 갤럽 조사에 의하면 한 해 약 154만 건으로, 하루에 4000명 이상, 20초당 1명 이상이 사망하고 있다. 산부인과 종사자들의 말에 의하면 실제로는 154만 명보다 훨씬 더 많은 태아들이 죽임을 당한다고 한다. 우리나라에서는 낙태가 불법이므로 통계

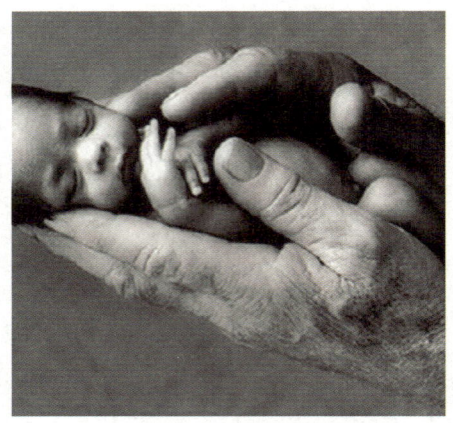

낙태는 살인이다.

조사에서는 병원들이 숫자를 줄여서 대답한다는 것이다. 낙태수술은 불법이므로 의료보험이 되지 않고 대부분 현금 거래를 통해서 시술되며, 한 건당 50만 원을 전후하는 수입을 올리게 된다. 그러므로 대부분의 산부인과 주수입원이 낙태수술이라는 것이다. 심지어는 크리스천 산부인과 의사들까지도 재정 수입 때문에 낙태수술을 하는 경우가 대부분이다. 결국은 돈 때문에 살인 행위를 저지르는 것이다.

오늘날 낙태는 많은 경우 음란죄의 열매이다. 다윗도 우리아의 아내 밧세바와 간음한 후 아이가 잉태되자 이를 숨기기 위해 충신 우리아를 죽이는 살인죄를 짓는다. 요즘 많은 사람들이 육체의 정욕을 따라 음란죄를 짓다가 임신하게 되면 이를 감추기 위해 살인죄를 짓는다. 영적으로 볼 때 낙태는 자녀를 죽여 사탄에게 바치는 제사와 같다. 성경은 이렇게 억울하게 죽은 자녀의 피가 이 땅을 더럽히고 있다고 증언한다. <u>돌아가신 예수원 대천덕 신부님께서는 남한이 만약 공산화된다면 이러한 하나님의 심판을 부른 가장 큰 죄악은 이 민족이 짓고 있는 엄청난 규모의 살인죄, 곧</u>

'낙태죄'라고 경고하셨다. 대천덕 신부님의 이 예언적 메시지를 되새기며 우리는 철저히 회개해야 한다. 이 민족을 멸망케 하는 낙태죄를 끊지 않고는 거룩한 나라를 이룰 수 없다.

> 그들이 그들의 자녀를 악귀들에게 희생제물로 바쳤도다
> 무죄한 피 곧 그들의 자녀의 피를 흘려 … 그 땅이 피로 더러워졌도다 (시 106:37-38)

> **너희는 너희가** 거주하는 땅을 더럽히지 말라 피는 땅을 더럽히나니 피 흘림을 받은 땅은 그 피를 흘리게 한 자의 피가 아니면 속함을 받을 수 없느니라 (민 35:33)

● 동성애

둘째, '동성애'이다. 성경은 분명하게 동성애가 죄라고 말한다.

> **너는 여자와 동침함 같이 남자와 동침하지 말라 이는 가증한 일이니라** (레 18:22)

> 이 때문에 하나님께서 그들을 부끄러운 욕심에 내버려 두셨으니 곧 그들의 여자들도 순리대로 쓸 것을 바꾸어 역리로 쓰며 그와 같이 남자들도

동성애 영화 <친구사이?>

순리대로 여자 쓰기를 버리고 서로 향하여 음욕이 불 일듯 하매 남자와 남자가 더불어 부끄러운 일을 행하여 그들의 그릇됨에 상당한 보응을 그들 자신이 받았느니라
… 그들이 이같은 일을 행하는 자는 사형에 해당한다고 하나님께서 정하심을 알고도 자기들만 행할 뿐 아니라 또한 그런 일을 행하는 자들을 옳다 하느니라 (롬 1:26-27, 32)

지금 한국에서는 동성애가 놀라운 속도로 청소년과 청년들 사이에서 번져 가고 있다. 많은 경우가 인터넷 등을 통한 동성애 음란물의 파급 효과라고 할 수 있다.

올 것이 왔다!

– 인터넷/케이블 TV 음란물 모방, 초등학생들 집단 동성 간 성행위

대구 달서구 A초교에서 6학년 학생을 중심으로 한 상급생들이 음란물 내용을 모방, 3~5학년 남학생들에게 성기를 만지게 하고 항문 성교를 강요하는 사건이 일어났다. 또 가해 학생들은 하급생에게 음란 동영상을 억지로 보여주고 동성간 성행위 등을 강요한 뒤 거부하면 폭행하고 집단 따돌림을 했다. 가해자 및 피해자 수는 최소 50명에서 최대 100여 명이 될 것으로 추정된다.

가해 학생들은 대부분 맞벌이 부모 가정 출신으로 부모들이 집에 없는 시간에 인터넷과 케이블 방송 등에서 음란물을 본 뒤 이를 모방해 성폭력을 한 것으로 전해졌다.

(2008.4.30. 연합뉴스)

남성 동성애자들의 경우 일반인보다 자살률은 3배 이상이며, 평균 수명은 25~30년 짧다. 동성애는 개인의 삶을 무너뜨릴 뿐 아니라 하나님께서 만드신 '가정'을 무너뜨린다. 더 나아가서 동성애가 범람하면 교회는 몰락하게 되고, 가정과 교회가 무너진 사회는 함께 죄악으로 무너져 내린다.

현재 한국에서도 '동성애차별금지법'을 제정하려는 시도가 그치지 않고 있다. 동성애차별금지법은 단순히 동성애자를 차별하지 말라는 것이 아니라, 동성애 자체를 정상으로 인정하라는 법이다. 그래서 2007년도 동성애차별금지법 입법예고안에 따르면, 동성애를 '죄'라고 말할 경우 고발하면 2년 이하 징역, 1천만 원 이하 벌금형에 처해진다. 만약 동성애가 합법화될 경우, 미국이나 유럽처럼 초·중·고등학교 성교육 시간에 항문성교 등 동성애 성교육이 실시될 것이다. 교회가 동성애차별금지법을 막지 않으면 교회와 국가가 함께 무너지게 될 것이다. 동성애가 합법화되지 않는 거룩한 나라가 되도록, 이제는 한국교회와 우리 자녀들의 앞날을 위해 우리 모두가 비느하스처럼 일어나서, 죄와 싸우되 피 흘리기까지 싸워야 한다.

● 이혼

셋째, '이혼'이다. 하나님께서는 이혼을 미워한다고 말씀하신다.

> 이스라엘의 하나님 여호와가 이르노니 나는 이혼하는 것과 옷으로 학대를 가리는 자를 미워하노라 만군의 여호와의 말이니라 그러므로 너희 심령을 삼가 지켜 거짓을 행하지 말지니라 (말 2:16)
>
> "I hate divorce," says the LORD God of Israel, … So guard yourself in your spirit, and do not break faith. (NIV)

부부가 이혼할 때 자녀들은 깨어진 가정에서 많은 상처를 입게 되고 이로 인해 원수 마귀의 공격과 수많은 죄악 가운데 노출되어 방황하거나 고통을 겪는다. 이렇게 상처받은 자녀들은 많은 학원 문제와 사회 문제, 그리고 나아가서 청소년 범죄 등을 야기시킬 수 있다. 그래서 성경은 경건한 자손을 얻기 위해서는 이혼하지 말라고 말씀한다. 우리 가정에서 사무엘, 다니엘, 느헤미야, 에스더 같은 경건한 자녀들이 나오기를 바란다면, 우리는 결혼 서약과 함께 가정을 거룩하게 지켜야 할 것이다.

> … **너와 네가 어려서 맞이한 아내 사이에 여호와께서 증인이 되시기 때문이라** 그는 네 짝이요 너와 서약한 아내로되 네가 그에게 거짓을 행하였도다
> … 이는 경건한 자손을 얻고자 하심이라 그러므로 네 심령을 삼가 지켜 어려서 맞이한 아내에게 거짓을 행하지 말지니라 (말 2:14-15)

> … It is because the LORD is acting as the witness between you and the wife of your youth, because you have broken faith with her, though she is your partner, the wife of your marriage covenant.
> Has not the LORD made them one? In flesh and spirit they are his. And why one? Because he was seeking godly offspring. So guard yourself in your spirit, and do not break faith with the wife of your youth. (NIV)

이혼은 하나님과 교회 앞에서 맺은 결혼서약을 파기하는 것이다. 즐거울 때나 슬플 때나, 건강할 때나 아플 때나, 죽음이 서로를 갈라놓을 때까지 '검은 머리 파뿌리 되도록' 서로 사랑하며 하나 되겠다고 한 약속을 저버리는 것이다. 그래서 하나님은 이혼을 미워하신다고 하셨다.

2009년 통계청은 한국이 OECD 국가 중 이혼율 세계 1위라고 발표했다.

우리나라는 최근 이혼율 세계 1위이다. 이대로 간다면 하나님이 기뻐하시는 경건한 자손들이 이 땅에 나타나지 못할 것이다. 하나님이 미워하시는 이혼의 죄악이 더 이상 이 사회에 관영하지 않도록 해야 한다. 교회는 결혼을 앞둔 청년들에게 결혼서약과 이혼에 관한 하나님의 말씀이 심비에 새겨지도록 가르쳐야 한다.

이혼 없는 거룩한 나라가 되도록 올바르게 성경대로 가르치며 기도해야 한다.

● 음란

넷째, '음란'이다. 한국은 음란사이트 접속률이 다른 나라에 비해 압도적인 세계 1위로, 한국의 음란 지수는 세계 최고 수준이라 할 수 있다.

> 하나님의 뜻은 이것이니 너희의 거룩함이라 곧 음란을 버리고 (살전 4:3)

> 오직 너희를 부르신 거룩한 이처럼 너희도 모든 행실에 거룩한 자가

되라 기록되었으되 내가 거룩하니 너희도 거룩할지어다 하셨느니라
(벧전 1:15-16)

모든 사람과 더불어 화평함과 거룩함을 따르라 이것(거룩함)이 없이는 아무도 주를 보지 못하리라 (히 12:14)

거룩은 하나님의 뜻이다. 낙태, 동성애, 이혼, 음란. 이와 같은 죄악들로부터 우리 자신들을 깨끗하게 하면 이 민족은 거룩한 나라가 되고 하나님께서 '귀히 쓰는 그릇'이 되어 세계 모든나라를 축복하는 통로가 될 것이다.

하나님께서 미국을 선교하는 나라로 사용하시기 전에 먼저 미국의 국가적인 죄악을 끊게 하셨다. 아브라함 링컨을 정치계에 선교사로 파송하셔서 남북전쟁을 통해서 미국의 구조적인 죄악인 흑인노예제도를 무너뜨리셨다. 흑인노예제도가 없어지고 난 다음 미국에 전도자 무디를 통한 대부흥이 일어났고, 그 부흥이 학생자원자운동(Student Volunteer Movement for Foreign Missions)으로 이어지며 수많은 젊은이들이 전 세계를 향하여 선교사로 나아갔다. 이러한 젊은이들의 헌신이 1885년 아펜젤러, 언더우드 선교사 등의 한국선교에까지 이른 것이다.

하나님께서 개인의 삶도 죄악을 끊고 깨끗한 그릇이 되도록 만드시는 것 같이, 국가도 죄악을 끊고 깨끗한 그릇이 되어 선교에 합당한 나라가 되도록 빚어 가신다. 하나님께서 세계선교를 위하여 '모든 길은 로마로 통한다'고 일컬어졌던 세계 중심국 로마를 사용하셨고, '해가 지지 않는 나라' 영국을 사용하셨고, 남북전쟁으로 노예제도를 폐지한 미국을 사용하셨고, 이제 동방의 분단된 작은 나라 한국을 주목하신다. 한국이 많은 죄악들로부터 스스로 성결케 함으로 하나님이 쓰시기에 합당한 깨끗한 그릇이 되는 것이 지금 이 민족을 향해 주님께서 가장 열망하시는 뜻이다.

이제 대한민국이 거룩한 나라가 되도록 한국교회와 성도들의 철저한 회개, 말씀과 기도 운동, 그리고 영적 대부흥이 이 나라를 뒤덮어야 한다. 거룩한 민족, 거룩한 나라가 되도록 '죄와 싸우되 피 흘리기까지 싸울' 거룩한 대통령이 세워지도록 한국교회가 조국을 위해 금식하며 마음을 다해 기도해야 할 것이다.

흑인 노예 해방을 위해 피 흘리기까지 싸운 링컨 대통령

북한구원 통일한국

작년 7월, 북-중 국경지역 기도여행을 국가기도자들과 함께 떠났다. 중국 단동에서부터 시작해서 압록강-두만강을 따라 백두산을 넘고 도문에 이르렀을 때였다. 도문은 다른 어느 지역보다 북한과 가까운 곳으로 두만강 폭이 좁아 수많은 북한 주민들이 탈북하는 곳이다. 이곳에 있는 한 조선족 교회 목회자로부터 가슴 아픈 간증을 들었다.

바로 지난 주간, 한 북한 할머니가 두만강 가에 있는 조선족 교회로 찾아와서는 60년 동안 모아 두었던 십일조를 드리고 돌아갔다는 것이다.

"6.25가 지나고 60년이 넘도록 십일조를 모아 왔습니다. 통일이 되어 북한에 교회가 세워지면 헌금을 드리려고 했는데 이제는 통일의 날까지 살아있을지 자신이 없습니다. 죽기 전에 이 십일조를 교회에 드리기 위해서 두만강을 넘어왔습니다. 이 헌금을 받아 주십시오."

할머니는 죽기 전에 십일조를 교회에 드리기 위해 목숨을 걸고 탈북했다가, 다시 그날 밤 두만강을 건너 북한으로 돌아간 것이다.

전 세계에서 가장 핍박받는 땅, 한 핏줄인 우리 동포들이 복음 듣지 못하고 죽어가는 그 땅을 위해서 우리가 급해야 한다. 주린 배를 움켜쥐고 60년간 모아온 십일조를 드리기 위하여 목숨을 걸고 두만강을 넘는 믿음의 '할머니'가 있는데, '우리가 준비 안 됐으니 통일은 아직 이르다'고 말한다면 북한 성도들은 이런 남한 성도들을 보고 어떻게 생각하겠는가?

우리는 더 이상 통일을 늦출 수 없다.
분단 67년 동안 복음 듣지 못하고 죽어간 2천만 명도 넘는 북한 동포들의 피 값을 누구 손에서 찾을 것인가?
남한교회에게 북한 구원은 피할 수 없는 부르심이다.

누구든지 자기 친족 특히 자기 가족을 돌보지 아니하면 믿음을 배반한 자요 불신자보다 더 악한 자니라 (딤전 5:8)

이제 우리의 친족, 가족인 북한 구원을 등한시했던 우리의 죄악을 회개하며 한 핏줄인 북한 동포 구원을 위해 급한 마음으로 결단해야 한다. 지금도 북한 정치범수용소에서는 20만 명이 구금되어 고문과 굶주림과 강압적 중노동 속에서 죽어가고 있다. 분단 이후 지옥 같은 정치범수용소의 고통 속에서 죽어간 우리 동포들은 현재까지 2백만 명이 넘는다.

지금도 20만의 탈북자들이 중국, 베트남, 캄보디아, 태국, 몽골, 티벳 등지에서 도망 다니며, 극심한 고통과 위험 속에서 죽음의 문턱을 넘나들고 있다. 또 북한에서 90년대 중반 이후 17년 동안 굶어 죽은 자들만 400만 명이 넘는다. 3대 세습 독재 하에서 영혼과 육신이 함께 짓밟힌 채, 복음 없이 죽어서 지옥 가는 북한 형제자매들을 위해 예수님께서는 오늘도 하나님 우편에서 가슴을 찢으시며 통곡하며 중보하신다.

이제는 북한 동포들을 해방시킬 통일한국 대통령이 세워져야 한다. 흑인 노예 해방을 위하여 피 흘리기까지 싸웠고 마침내 자신의 생명까지 바쳤던 아브라함 링컨 같은 대통령이 필요한 때다.

북한 동포들은 흑인 노예들보다 더 비참한 상황 속에 있다. 흑인 노예들은 노예로 살았을지언정 신앙의 자유는 가질 수 있었지만, 북한 동포들은 김일성주체사상으로 세뇌당하여 죽은 김일성·김정일 사진과 동상에 절하다가 죽어 지옥 가고 있기 때문이다. 또 흑인 노예들은 억압과 노동으로 고통 받았을지라도 북한 동포들처럼 배고픔 가운데 400만 명 이상이 굶어서 죽기까지 하는 고통은 없었다.

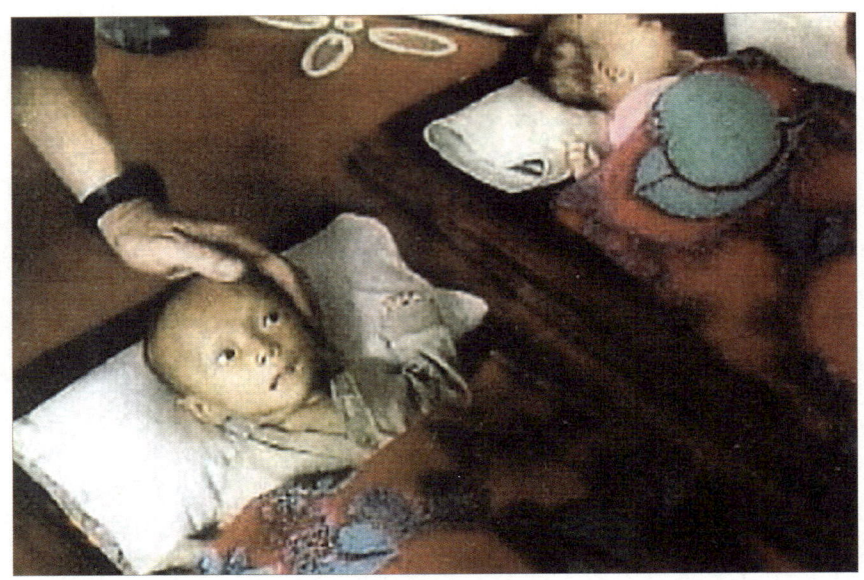
죽어가는 북한 아이들을 한 시간이라도 속히 구원해야 한다.

억압과 고통 가운데 있는 북한 동포들이 1분이라도 더 빨리 놓임 받을 수 있도록 우리는 하나님 앞에서 부끄러움 없는 최선의 노력을 해야 할 것이다. 특별히 북한 동포들의 해방과 자유를 위하여 자신의 생명도 아끼지 않을 대통령이 선출되도록 금식하며 깨어 기도해야 할 것이다.

거룩한 나라, 통일한국 이룰 차기 대통령

에스더기도운동, 통일광장기도연합 등 국가를 위해 연합하여 기도하는 단체나 국가기도자들은 공적인 기도모임에서 특정 정당이나 특정 정치인을 지명하여 기도하지 않는 것을 원칙으로 한다. 우리는 다만 이 민족의 거룩과 북한구원을 이루어 갈 사람이 대통령으로 뽑히도록 최선을 다해 기도할 것이다. 임박한 대통령 선거를 앞두고 하나님이 보시기에 가장 합당한 사람이 대통령으로 당선되도록 전국적으로 국가를 위해 기도하는 성도들이 함께 모여 금식하며 기도할 것이다.

대통령 선거를 앞둔 정치판이 벌써부터 흑색선전과 비방 등 피차에 물고 뜯는 모습으로 혼탁해지는 것을 보면서, '과연 올바른 자들이 정치판에서 살아남을 수 있을까?' 우려가 될 때도 있다. 그러기에 우리는 더욱 깨어 기도해야 한다. 낙태, 동성애, 이혼, 음란을 막아서서 이 민족의 거룩을 이루며, 북한구원 통일한국을 이룰 '하나님 보시기에 합당한 자'가 차기 대통령으로 선출될 수 있도록 온 마음과 뜻을 다해 최선의 노력과 기도를 해야 할 것이다.

> 여호와를 자기 하나님으로 삼은 나라 곧 하나님의 기업으로 선택된 백성은 복이 있도다 (시 33:12)

8

무죄한 피 곧 그들의
자녀의 피를 흘려 (시 106:38)

2012년 10월호

그들이 그들의 자녀를 악귀들에게 희생제물로 바쳤도다
무죄한 피 곧 그들의 자녀의 피를 흘려…
그 땅이 피로 더러워졌도다

(시 106:37-38)

무죄한 피 곧 그들의 자녀의 피를 흘려 (시 106:38)

2012년 10월호

하나님이 축복하시는
올바른 대통령이 세워질 수 있도록…

예전에는 구약을 읽으면서 악한 왕들이 들어서면 나라의 죄악이 관영해지고 하나님의 심판이 국가적으로 임한다고 생각했다. 그런데 국가를 위해 기도하면서 깨닫게 되는 것은, 국민들의 죄악이 관영하면 올바른 지도자들이 세워지지 못하고 불의한 자들이 세워지게 되고, 불의한 지도자들로 인해 나라의 죄악이 더 급속도로 번지게 되고 결국 하나님의 심판이 가속화된다는 것이다. 따라서 올바른 지도자를 세워 달라고 기도하기 전에 이 사회에 만연한 우리의 죄악을 철저히 회개하는 것이 선행되어야 한다.

<u>이번 12월 19일 대통령선거를 앞두고 한국교회는 올바른 대통령이 뽑히도록 기도하기에 앞서 우리 자신들의 죄악과 한국교회의 죄악, 그리고 이 민족의 죄악을 놓고 철저히 회개하며 기도로 주께 나아가야 할 것이다.</u> 하나님께서 축복하시는 올바른 대통령이 세워질 수 있도록 이 사회와 국가가 하나님의 말씀과 기도로 거룩해져야 할 것이다.

억울하게 죽은 자녀의 피가 이 땅을 더럽히고 있다

이번 대통령선거를 앞두고 이 민족이 가장 철저하게 회개해야 할 죄악은 '낙태'라고 생각한다. 한국을 위해 일생을 바쳐 기도하셨던 예수원 대천덕 신부님께서 돌아가시기 전 가장 힘주어서 한국 교회에 경고하셨던 메시지는 낙태죄에 대한 회개와 낙태 근절이었다.

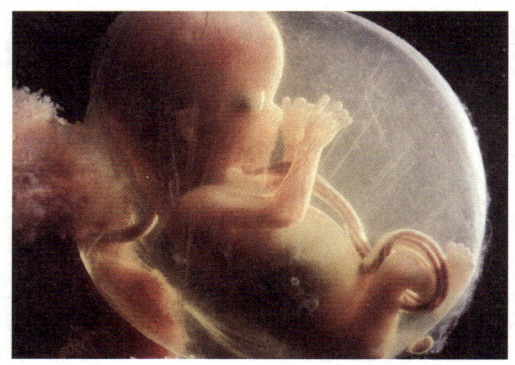
태아는 생명입니다.

예수원 대천덕 신부님의 경고

하나님께서는 여러 차례의 정치적인 재난 상태로부터 우리나라를 지켜주셨습니다. 뿐만 아니라 하나님께서는 일본의 손아귀로부터 기적적인 방법으로 우리를 구해 주셨으며, 전 세계에서 공산주의자들의 침략에 대항하여 승리한 유일한 나라로 만들어 주셨습니다. 그러나 만일 우리가 우리의 자녀들의 무죄한 피로 계속 이 땅을 더럽힌다면 하나님은 우리에 대해 미움을 품을 것이며 우리를 적들의 손에 붙이실 것입니다. 이것은 심각한 일입니다.

– '낙태', 그것은 무죄한 자의 피를 흘리게 하는 일인가? (신앙계 2003. 7월)

돌아가신 대천덕 신부님께서는 만약 남한이 공산화된다면, 이러한 하나님의 심판이 올 수밖에 없는 가장 큰 죄악은 남한 국민들이 저지르고 있는 '엄청난 규모의 살인죄', 즉 '낙태죄'라고 경고하셨다.

한국은 전 세계에서 인구 비례로 가장 많은 태아를 죽이는 나라이다(낙태율 세계 1위). 하나님께서 주신 생명을 불법적으로 죽이는 악행이 사회에 만연되어 있음에도 불구하고 한국교회가 이것에 대해 침묵하고 성도들이 돌이켜 회개하지 않고 낙태 반대를 선포하지 않는다면 한국은 하나님의 심판을 피할 수 없을 것이다.

한국의 낙태 통계를 보면, 1994년 갤럽조사에서는 한 해에 약 154만 건, 2005년 최초 정부 조사인 보건복지가족부 통계조사에서는 1년에 34만 건, 그리고 2010년에는 약 17만 건으로 보고되었다. 그러면 낙태가 한국에서 이렇게 현저하게 줄어든 것인가? 사실은 그렇지 않다는 것이다. 이것은 산부인과 종사자들과 대화해 보면 금방 알 수 있는 일이다.

우리나라에서는 낙태가 불법이므로 정부가 조사할 때 대부분의 병원들이 사실 그대로 보고하지 않는다는 것이다. 또 낙태가 불법이므로 낙태수술을 할 경우 근거를 남기지 않기 위해 현금 거래로 한다는 것이다. 그래

임신출산결정권이라는 이름으로 낙태 합법화를 요구하는 여성단체 회원들 (사진출처=노동자연대)

서 정확한 숫자를 파악하기 어렵지만 많은 전문가들은 1994년 민간 조사 기관인 갤럽의 조사결과인 연간 154만 건을 가장 실제적인 현실을 반영하는 수치로 간주하고 있다. 그러나 2010년 정부 조사 수치인 연 17만 건 낙태수술을 갖고도 한국은 전 세계 1위 낙태 국가이다. 만약 1년에 150만 명의 태아를 죽인다고 가정할 때, 10년이면 1,500만 명, 20년이면 3,000만 명의 생명들을 죽이는 셈이다.

통계에 의하면 미혼 여성이 기혼 여성보다 낙태를 더 많이 하고 있으며, 전체 낙태 여성 중 20대가 47%, 30대가 41%를 차지하고 있다. 낙태 사유로는 97%가 경제적인 어려움, 직장생활의 불이익, 미혼 상태, 불륜 등을 들고 있다. 이 모든 사유는 국내법상 낙태가 허용되지 않는 불법 사유이다.

"억울하게 죽은 자녀의 피가 이 땅을 더럽히고 있다"

낙태로 무고하게 죽은 태아

낙태수술은 불법이므로 의료보험이 되지 않고 대부분 현금 거래를 통해서 시술되며, 한 건당 50만 원을 전후하는 수입을 올리게 된다. 그러므로 대부분의 산부인과 주수입원이 낙태수술이라는 것이다. 심지어는 크리스천 산부인과 의사들까지도 재정 수입 때문에 낙태수술을 하는 경우가 대부분이다. 결국은 돈 때문에 살인 행위를 저지르는 것이다.

오늘날 낙태는 많은 경우 음란죄의 열매이다. 다윗도 우리아의 아내 밧세바와 간음한 후 아이가 잉태되자 이를 숨기기 위해 충신 우리아를 죽이는 살인죄를 짓는다. 요즘 많은 사람들이 육체의 정욕을 따라 음란죄를 짓다가 임신하게 되면 이를 감추기 위해 살인죄를 짓는다. 영적으로 볼 때 낙태는 자녀를 죽여 사탄에게 바치는 제사와 같다. 성경은 이렇게 억울하게 죽은 자녀의 피가 이 땅을 더럽히고 있다고 증언한다. 우리는 해마다 수많은 태아들을 죽이는 대규모 살인죄를 철저히 회개해야 한다. 이 민족을 멸망케 하는 낙태죄를 끊지 않고 거룩한 나라를 이룰 수 없다.

그들이 그들의 자녀를 악귀들에게 희생제물로 바쳤도다
무죄한 피 곧 그들의 자녀의 피를 흘려 … 그 땅이 피로 더러워졌도다 (시 106:37-38)

너희는 너희가 거주하는 땅을 더럽히지 말라 피는 땅을 더럽히나니 피 흘림을 받은 땅은 그 피를 흘리게 한 자의 피가 아니면 속함을 받을 수 없느니라 (민 35:33)

– '거룩한 통일한국 이룰 차기 대통령' (월간 『JESUS ARMY』 2012년 9월)

성경이 말하는 태아의 생명

누가 태아가 생명이 아니라고 이야기하는가?
누가 낙태가 살인이 아니라고 이야기하는가?

성경은 모태에 있는 태아에 대해서 다음과 같이 분명하게 말씀한다.

첫째, 하나님께서는 우리가 어머니 모태에서 잉태되기도 전에 우리를 아셨고 택하셨다고 말씀한다.

> **내가 너를 모태에 짓기 전에 너를 알았고 너가 배에서 나오기 전에 너를 성별하였고 너를 여러 나라의 선지자로 세웠노라 하시기로** (렘 1:5)

> **곧 창세 전에 그리스도 안에서 우리를 택하사 우리로 사랑 안에서 그 앞에 거룩하고 흠이 없게 하시려고** (엡 1:4)

> **내 형질이 이루어지기 전에 주의 눈이 보셨으며** … (시 139:16)

예레미야는 출생 전부터 하나님께서 아시고 여러 나라의 선지자로 택하신 자라고 성경에 기록되어 있다. 또 사도 바울은 창세 전부터 하나님께서 성도들을 택하셨을 뿐 아니라, 그 일생을 통하여 거룩하고 흠 없게 빚어 가신다고 말씀하고 있다. 하나님께서 인생들에 대하여 이와 같은 계획과 부르심을 갖고 계시는데, 모태에서 태아를 강제로 꺼내어 죽게 한다면 하나님의 계획과 부르심은 어떻게 될 것인가? 우리들은 주변에서 어린 아이들이 불의한 사고로 죽는 것을 볼 때 그 아이 인생이 꽃처럼 활짝 펴 보지도 못한 채 세상을 떠난 것에 대해서 안타까움을 갖는다. 주님께서도 그 아이들에 대한 많은 보배로운 계획과 부르심을 가지고 계셨기에 더 마음 아파하실 것이다.

> **하나님이여 주의 생각이 내게 어찌 그리 보배로우신지요 그 수가 어찌 그리 많은지요** (시 139:17)

How precious also are Your thoughts to me, O God! How great is the sum of them! (Ps 139:17 NKJV)

두 번째로, 하나님께서는 모태에서 우리의 신체가 온전케 되도록 만들어 가신다.

주께서 내 내장을 지으시며 나의 모태에서 나를 만드셨나이다 (시 139:13)

모태에서 나를 조립하셨으니 내 뼈 하나하나도 주님 앞에서는 숨길 수 없습니다. (시 139:15, 새번역)

너를 만들고 너를 모태에서부터 지어 낸 너를 도와 줄 여호와가 이같이 말하노라… (사 44:2)

네 구속자요 모태에서 너를 지은 나 여호와가 이같이 말하노라… (사 44:24)

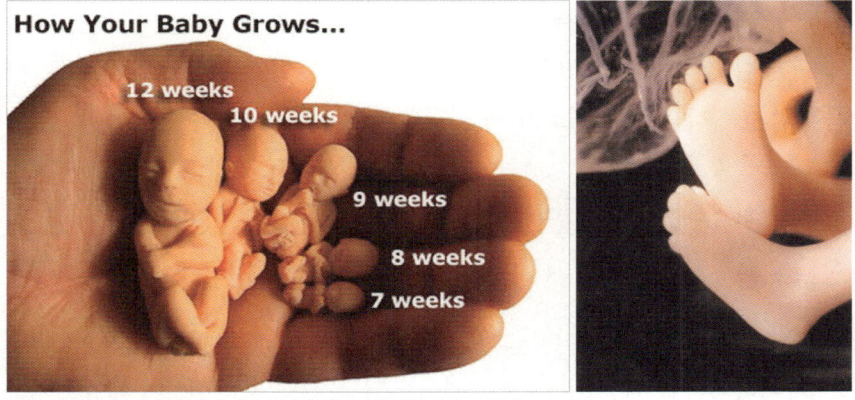

불과 2개월도 되지 않은 태아이지만 이미 사람의 형태를 갖추고 있다.

생명을 지키기 위한 운동 (사진출처=연합뉴스)

하나님께서 생명을 잉태케 하신 후에 모태에서 생명을 담는 그릇으로 인간의 몸을 온전히 지어 가신다. 산부인과에서 낙태수술을 할 때 가위로 태아의 팔과 다리를 잘라 내며 몸체를 강제로 어머니 자궁 밖으로 끄집어 낸다면, 그것은 모태에서 태아의 육체를 빚어 가시는 하나님의 손가락을 밀어 제치고 강제로 태아의 신체를 잘라 내어 죽이는 것이다.

낙태수술 할 때 어머니 자궁에서 가위를 피해 이리저리 도망 다니는 태아의 모습이 영상으로도 찍히는 것을 볼 수 있다. 살기 위해서 도망 다니며 몸부림치는 태아를 강제로 죽이는 것이다.

<u>셋째로, 태아에게는 주님이 주신 생명과 영혼이 있어 태아도 하나님과 영적으로 교통할 수 있다.</u>

> *삼손이 진심을 드러내어 그에게 이르되 내 머리 위에는 삭도를 대지 아니하였나니 이는 내가 모태에서부터 하나님의 나실인이 되었음이라 … (삿 16:17)*

생명을 위한 무언의 외침

> 내가 모태에서부터 주를 의지하였으며 나의 어머니의 배에서부터 주께서 나를 택하셨사오니 나는 항상 주를 찬송하리이다 (시 71:6)

> 이는 그가 주 앞에 큰 자가 되며 포도주나 독한 술을 마시지 아니하며 모태로부터 성령의 충만함을 받아 (눅 1:15)

삼손은 이미 모태에서 나실인으로 성별되었고, 또 시편 기자는 모태에서부터 주님을 의지하였고, 세례 요한은 모태에 있을 때부터 성령 충만하였다고 성경에 기록되어 있다. 하나님의 특별한 은총과 성령의 함께하심이 모태에 있는 태아에게도 나타남을 보여주고 있다. 태아에게 하나님이 주신 생명과 영혼이 없다면 어찌 이와 같은 일이 가능하겠는가? 그런데 이와 같은 태아들을 죽이는 낙태에 대해서 교회가 침묵한다면 그것은 하나님의 생명의 말씀을 알고도 태아 살인 행위를 묵인하는 것과 같다.

생명 존중은 하나님 존중입니다.

생명을 살리기 위해서는 합당한 수고와 값을 치러야 한다. 2차 대전 당시 포로수용소에서 죽어가는 유대인들을 살리기 위하여 자신의 재산을 다 내어놓고 유대인 1,100명의 생명을 구했던 '쉰들러 리스트' 이야기를 우리는 기억한다. 2차 대전이 끝나고 난 후에 많은 유대인들이 생명을 구해 준 그에게 감사할 때, 쉰들러는 전쟁 후의 안도감보다는 유대인의 생명을 한 명이라도 더 구해 내지 못한 것에 대한 깊은 자책감을 고백했다.

"이 반지만 팔았어도… 이 차만 팔았어도… 유대인 몇 명의 생명을 더 구할 수 있었을 텐데…"

10대 청소년들이 실수로 임신하게 되어 낙태를 상담하게 될 때, 우리가 단순히 "낙태는 죄입니다! 낙태는 안 됩니다!"라고 말을 한다면 그것은 실제적으로 낙태를 막고 생명을 살리는 일이 될 수 없을 것이다.

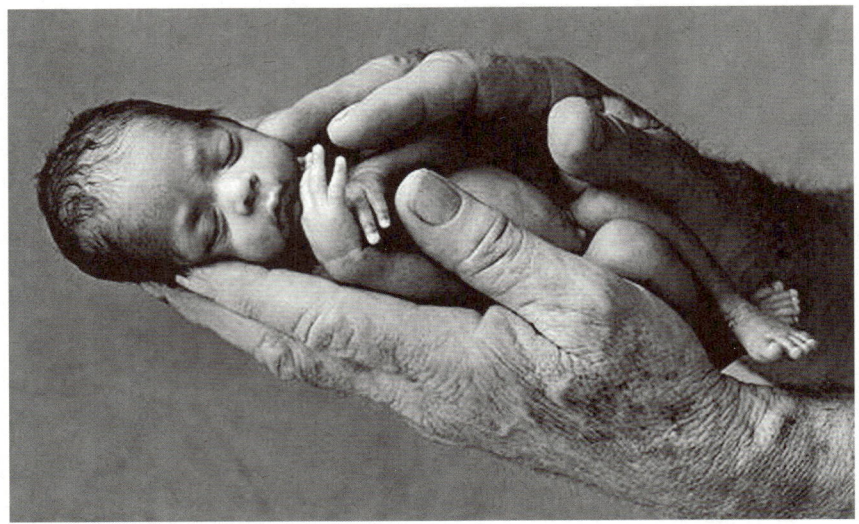

태아는 우리가 지켜주어야 하는 생명입니다.

> 만일 형제나 자매가 헐벗고 일용할 양식이 없는데 너희 중에 누구든지 그에게 이르되 평안히 가라, 덥게 하라, 배부르게 하라 하며 그 몸에 쓸 것을 주지 아니하면 무슨 유익이 있으리요
> 이와 같이 행함이 없는 믿음은 그 자체가 죽은 것이라 (약 2:15-17)

한국교회는 "낙태는 하나님께서 이 땅에 주신 생명을 죽이는 죄입니다"라고 선포하고 바르게 가르쳐야 하며, 이와 동시에 태아들의 생명을 지키기 위해 어린 미혼모들이 보호받고 안전하게 출산할 수 있도록 최선을 다해 돌봐줘야 한다.

성도들은 미혼모들이 낳은 아이들을 입양하여, 미혼모들이 훗날 아이들을 양육할 수 있는 상황이 될 때까지 대신하여 잘 양육해 주어야 할 것이다. 교회들은 미혼모들을 보호하고 돌보는 복지시설들을 운영할 뿐 아니라 출산 후에도 자녀를 기를 수 없는 여성들이나 가정들을 위해 보육기관들을 세워 나가야 할 것이다. 하나님께서 주신 생명을 경외하는 마음으로 이 모든 일에 우리의 최선을 다해야 할 것이다. 우리의 물질과 시간과 온 마음을 드려 태아들을 살리는 일을 해 나가야 한다.

'낙태와의 전쟁'은 태아의 생명을 살리기 위하여 우리의 생명을 바칠 수 있을 때 승리할 수 있다. 생명을 존중하는 것은 곧 하나님을 존중하는 것이다.

9

이 민족을 살리는
연합금식기도

2012년 11월호

… 유다인을 다 모으고 나를 위하여 금식하되
밤낮 삼 일을 먹지도 말고 마시지도 마소서
나도 나의 시녀와 더불어 이렇게 금식한 후에
규례를 어기고 왕에게 나아가리니
죽으면 죽으리이다 하니라

(에 4:16)

이 민족을 살리는 연합금식기도

2012년 11월호

좋은 신랑감을 원하거든…

오랫동안 대학생들과 청년들을 상담하고 지도하면서 깨닫는 것은, 그들의 가장 큰 바람은 멋지고 훌륭한 배우자를 얻는 일이라는 것이다. 많은 자매들은 멋진 왕자님 같은 신랑감을 늘 꿈꾸고 있다. 형제들도 예쁘고 매력적인 공주님을 꿈꾸며 산다.

청년들과 이야기를 나누다 보면 자신의 주제를 파악하지 못하고 너무 격조 높은 배우자감을 꿈꾸고 있는 것을 보게 된다. 그래서 가끔 본인의 현실을 직시할 수 있도록 농담 반, 진담 반 이야기한다.
"그런 신랑감이 너한테 오겠냐?"
"네 꼬라지(주제)를 알라."

이어서 다음과 같은 이야기를 해 준다.
"왕자님 같은 신랑감을 원하거든 네가 멋진 공주님이 되거라."
"그러면 네가 왕자님 찾아 헤매지 않아도 왕자님은 백마를 타고 네게 달려온단다."

많은 젊은이들이 훌륭한 배우자가 되도록 자신을 갈고닦기보다는 분에 넘치는 배우자상을 꿈꾸며 쫓아다니느라 자기의 시간과 힘을 소모한다.

좋은 대통령을 맞으려면…

예전에는 구약을 읽으면서 악한 왕들이 들어서면 나라의 죄악이 관영해지고 하나님의 심판이 국가적으로 임한다고 생각했다. 그런데 국가를 위해 기도하면서 깨닫게 되는 것은, 국민들의 죄악이 관영하면 올바른 지도자들이 세워지지 못하고 불의한 자들이 세워지게 되고, 불의한 지도자들로 인해 나라의 죄악이 더 급속도로 번지게 되고 결국 하나님의 심판이 가속화된다는 것이다. 따라서 올바른 지도자를 세워 달라고 기도하기 전에 이 사회에 만연한 우리의 죄악을 철저히 회개하는 것이 선행되어야 한다.

이번 12월 19일 대통령선거를 앞두고 한국교회는 올바른 대통령이 뽑히도록 기도하기에 앞서 우리 각각의 죄악과 한국교회의 죄악, 그리고 이 민족의 죄악을 놓고 철저히 회개하며 기도로 주께 나아가야 할 것이다. 하나님께서 축복하시는 올바른 대통령이 세워질 수 있도록 이 사회와 국가가 하나님의 말씀과 기도로 거룩해져야 할 것이다.

- 월간 『JESUS ARMY』 2012년 10월호 발간사 중

좋은 신랑감을 얻으려면 먼저 내가 좋은 신부감이 되어야 하듯이, 좋은 대통령을 맞으려면 우리 자신부터 좋은 국민이 되어야 할 것이다.

> 깨끗한 자에게는 주의 깨끗하심을 보이시며 사악한 자에게는 주의
> 거스르심을 보이시리니 (시 18:26)

불의한 민족이 의로운 지도자를 구한다면 자가당착에 빠지는 일이다. 우리가 불의할 때 아무리 입술로 의로운 지도자를 달라고 부르짖어도 결국은 불의한 지도자가 뽑힐 수밖에 없는 것이 '심는 대로 거두는' 영적 원리이다.

> 스스로 속이지 말라 하나님은 업신여김을 받지 아니하시나니 사람이
> 무엇으로 심든지 그대로 거두리라 (갈 6:7)

지금 우리는 무엇을 기도해야 하는가?

1. 거룩한 나라

정직한 국민들에게는 정직한 지도자가 세워질 것이다. 성결한 국민들에게는 성결한 지도자가 세워질 것이다. 우리가 바라는 대통령상이 곧 우리 각각이 마땅히 되어야 할 모습이다.

> 큰 집에는 금 그릇과 은 그릇뿐 아니라 나무 그릇과 질그릇도 있어
> 귀하게 쓰는 것도 있고 천하게 쓰는 것도 있나니
> 그러므로 누구든지 이런 것에서 자기를 깨끗하게 하면 귀히 쓰는 그
> 릇이 되어 거룩하고 주인의 쓰심에 합당하며 모든 선한 일에 준비함
> 이 되리라 (딤후 2:20-21)

하나님께서 이 민족에게 약 130년 전에 선교사들을 보내셔서 복음을 전하셨고, 그 열매로 지금은 약 25,000명의 선교사를 파송하여 세계에서 두 번

째로 선교사를 많이 파송한 나라가 되었다(인구 비율 선교사 파송 수는 세계 1위이다). 마지막 때 한국이 계속하여 선교하는 나라로 쓰임받기 위해서는 이 민족이 깨끗하고 거룩한 백성이 되어야 할 것이다.

한국 자살률 세계 1위

현재 한국은 낙태율 세계 1위, 음란지수 세계 1위(인터넷 음란물 접속 지출액이 2위인 일본의 약 3.5배에 달함), 이혼율 세계 1위, 자살률 세계 1위이며, 이 외에도 동성애가 급속하게 사회적으로 번져 나가고 있다.

"죄악으로 더럽혀진 이 민족이 앞으로도 계속 하나님께 '선교하는 나라'로 쓰임받을 수 있겠는가?"

한국 기독교인들의 수는 현저하게 줄어들어 가고 있다. 대학생들의 교회 출석률은 4%대에 그치고 있으며 각 교회들의 주일학교 학생 수는 2~30년 전보다 1/2~1/3 수준으로 격감했다. 이와 함께 사회적 분위기와 비기독교인들의 교회에 대한 시각 또한 심각할 정도로 안티기독교 성향이다. 언론과 인터넷상에서 교회에 대한 원색적인 비난은 도를 넘어섰다.

한국 기독교는 이제 막다른 지점에 와 있다. 우리 각각의 죄악과 교회의 죄악에 대해 울며 금식하고 철저히 통회 자복할뿐더러 새롭게 변신하지 않는다면, 한국교회의 내일은 더 이상 존재하지 않을 것이다.

여호와의 말씀에 너희는 이제라도 금식하고 울며 애통하고 마음을 다하여 내게로 돌아오라 하셨나니

> 너희는 옷을 찢지 말고 마음을 찢고 너희 하나님 여호와께로 돌아올지어다 … (욜 2:12-13)

2. 북한구원 통일한국

분단 67년 동안 북한 땅에서 복음을 듣지 못하고 죽어 간 동포들의 숫자가 2천만 명이 넘는다. 김일성 사망 후 지난 18년 동안 굶어 죽은 사람들은 약 450만 명으로 추정된다. 많은 사람들의 관심은 고통 가운데 굶어 죽은 450만 명일지 모르나, 하나님의 아픔은 복음 들을 기회도 없이 죽어서 지옥으로 간 2천만도 넘는 북한 동포들의 영혼이다.

북한 동포들의 생명과 자유와 인권만이 아니라 그들의 영혼 구원을 위한 최선의 노력을 한국교회는 해야만 한다. 그동안 우리는 너무 오래 무관심하게 등을 돌리고 살았다.

복음 듣지 못하고 지옥 간 2천만 동포들의 피 값을 주님은 누구 손에서 찾으시겠는가?

> 누구든지 자기 친족 특히 자기 가족을 돌보지 아니하면 믿음을 배반한 자요 불신자보다 더 악한 자니라 (딤전 5:8)

한국교회는 그동안 북한 동포들을 구원하는 데 있어 친족/가족 된 한 핏줄의 책임을 다하지 못했다. 남한 땅에 관영한 죄악과 최근 한국교회의 몰락은 마땅히 해야 할 동족 구원을 외면한 것에 대한 하나의 심판이라고 볼 수 있다.

인도의 성자 썬다 싱이 친구와 함께 눈이 펄펄 내리는 산길을 걸어가고 있었다. 가다가 보니 한 사람이 길에 쓰러져 얼어 죽어가고 있었다. 썬다 싱이 죽어가는 사람을 업고 가자고 제안했을 때, 친구는 우리도 얼어 죽을 판에 누구를 도와주느냐고 거절하고 혼자 떠났다. 썬다 싱은 양심상 그냥 갈 수가 없어서 얼어 죽어가는 사람을 업고 눈길을 걷기 시작했다. 땀을 뻘뻘 흘리며 한참을 가자 뒤에 업혀 있던 사람이 땀범벅이 된 썬다 싱의 뜨거운 체온에 얼었던 몸이 녹아 정신을 차렸다. 그래서 얼어 죽어가던 사람은 썬다 싱과 함께 눈길을 걸어갈 수 있었다.

둘이 눈길을 계속 걷다 보니 또 한 사람이 눈길에 쓰러져 있었다. 다가가서 살펴보니 혼자 살겠다고 먼저 떠난 친구였다. 그는 이미 얼어 죽어 있었다. 양심을 저버리고 나 혼자 살겠다고 하면 이웃도 죽고 나도 죽는다. 그러나 힘들어도 죽어가는 이웃을 살리겠다고 나서면 이웃도 살고 나도 함께 살게 된다.

북한 동포들의 육신과 영혼을 함께 구원하는 일이 이와 같다. 우리가 동족들을 살리기 위해 마땅히 할 바를 최선으로 행한다면 북한도 살고 남

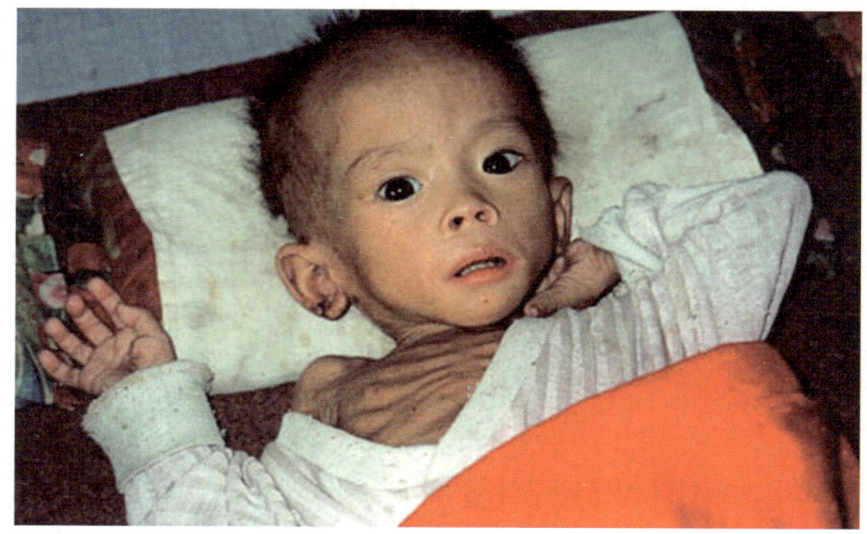

기아로 죽어가는 북한 아이들

한도 함께 잘사는 영광된 통일한국을 이룰 것이다. 그러나 우리 동족들이 비참하게 죽어갈 때 등을 돌리고 외면한다면, 북한 동포들을 멸망시켰던 공산주의와 주체사상이 남한까지도 적화시키고 말 것이다.

동족들이 고통 가운데서 죽어가고 있음에도 불구하고 우리가 안일하며 최선을 다하지 못했던 것에 대해서 중심으로 회개해야 할 것이다. 또한 아브라함 링컨이 흑인 노예 해방을 위하여 생명을 드린 것같이, 북한 동포들의 해방과 영육구원을 위해 자신의 생명도 드릴 수 있는 사람이 대통령으로 선출될 수 있도록 한국교회는 금식하며 마음을 모아 연합하여 기도해야 할 것이다.

3. 선교한국

> 그러므로 내가 첫째로 권하노니 모든 사람을 위하여 간구와 기도와 도고와 감사를 하되
> 임금들과 높은 지위에 있는 모든 사람을 위하여 하라 이는 우리가 모든 경건과 단정함으로 고요하고 평안한 생활을 하려 함이라
> 이것이 우리 구주 하나님 앞에 선하고 받으실 만한 것이니
> 하나님은 모든 사람이 구원을 받으며 진리를 아는 데에 이르기를 원하시느니라 (딤전 2:1-4)

왜 하나님은 좋은 정부를 원하시는가?

… 첫 번째 구체적인 기도제목으로 정하신 것은 정부(임금들과 높은 지위에 있는 모든 사람)이다. 그러나 대다수 그리스도인들은 이 기도제목에 대해 결코 심각하게 생각하지 않는다는 것이 오랜 경

험을 바탕으로 내린 나의 결론이다. 그리스도인들은 정부를 위해 '첫 번째'로 기도하지 않을 뿐만 아니라, 아예 정부를 위해 기도하는 일이 드물다. 그들은 병든 사람, 감옥에 갇힌 사람, 목사, 선교사, 전도사, 믿지 않는 사람들을 위해서는 정기적으로 기도하지만, 하나님이 제일 먼저 기도하라고 말씀하신 정부를 위해서는 기도하지 않는다. 헌신된 그리스도인이라고 하는 많은 사람들이 자기 나라 정부를 위한 진지한 기도를 일주일에 한 번도 하지 않는다는 것은 과장이 아니다.

정부를 위해 기도할 때, 우리는 어떤 구체적인 탄원을 해야 하는가? 2절에서 바울은 그 답을 제공한다. "이는 우리가 모든 경건과 단정함으로 고요하고 평안한 생활을 하려 함이라"(딤전 2:2) … 그러므로 평안한 삶을 누리고 싶다면, 우리 자신을 위해서라도 정부를 위해 기도하는 것이 논리적으로 합당한 일이다.

하나님은 '모든 사람이 구원받는 것'(4절)을 원하신다. 사람들이 구원받으려면 '진리를 아는 데에 이르러야'(4절) 한다. '진리를 아는 것'은 복음 전파를 통해서만 가능하다. … 어떤 종류의 정부가 복음 전파를 더 용이하게 만드는가? … 좋은 정부는 … 복음이 효과적으로 전파될 수 있는 환경을 제공한다. … 나쁜 정부는 모든 사람이 하나님을 믿을 보편적 권리와 … 믿음을 공개적으로 표현할 권리를 제한하거나 완전히 억압한다. 오늘날 공산주의가 지배하는 국가에서 이런 상황이 벌어지고 있는 것을 우리는 목격한다.

대부분의 그리스도인들은 좋은 정부를 위해 진지한 기도를 전혀

> 하지 않는다. 좋은 정부를 위해 기도하는 소수의 그리스도인 중에서도 그것이 하나님의 뜻이라는 성경적 확신을 갖고 기도하는 사람은 거의 없다. … 하나님은 그리스도인들이 기도를 통해 좋은 정부를 확보하는 것이 가능하도록 만들어 놓으셨다. 하나님이 주신 이 권세를 행사하지 않는 그리스도인은 하나님과 자기 조국에 대해 심각하게 태만한 사람들이다.
>
> – 데릭 프린스, <역사를 움직이는 기도와 금식> 제3장 중

2007년 대통령선거를 앞두고 한 교회의 선교총회에서 말씀을 전할 기회가 있었다. 선교를 많이 하기로 소문난 교회였다. 그때 내가 나눈 말씀은 "진정으로 선교하기를 원하면 국가를 위해 기도하고 임박한 대통령선거를 위해 기도하라"는 것이었다.

(사진출처=코람데오 닷컴)

"교회를 핍박하는 정부가 들어서면 우리가 마음껏 선교할 수 있겠습니까?"
"이 나라가 적화되면 우리가 선교를 계속할 수 있겠습니까?"

데릭 프린스의 『역사를 움직이는 기도와 금식』에서는 정부와 대통령 선출을 위하여 교회가 깨어 기도하지 않는다면,
첫째, 성경에 기록된 하나님의 명령에 불순종하는 것이 되며,

50만 명이 참석한 철야기도 (74 Explo), 이러한 기도가 오늘의 대한민국을 낳았다.

둘째, 선교를 방해할뿐더러 하나님을 못 믿게 하고 믿음을 억압하는 나쁜 정부가 들어설 수 있다고 경고하고 있다.

김준곤 목사님의 마지막 당부와
민족을 살리는 연합금식기도

이제 또 다시 대통령선거를 맞으며, 하나님을 경외하고 교회와 복음 전파를 존중하는 대통령이 선출될 수 있도록 절실한 마음으로 기도해야만 할 때가 되었다.

김준곤 목사님께서 남기신 마지막 말씀을 다시 한 번 되새긴다.

> "2012년 12월 대통령선거에서 대통령을 잘 뽑아야 합니다. 잘못 뽑으면 이 나라가 적화됩니다."

2009년 김준곤 목사님을 마지막으로 찾아뵈었을 때 목사님께서는 이 말씀을 거듭거듭 하셨다. 그리고 2012년 대선을 위해 최선을 다해서 기도할 것을 간곡히 당부하셨다.

결국 그날의 당부는 우리에게 남기신 '유언'이 되었다.

이 땅에 그리스도의 푸른 계절이 오도록 민족복음화를 위하여 온 힘과 생명을 바치셨던 김준곤 목사님의 마지막 예언적 경고이며 유언적 당부였던 '민족을 살리는 기도'를 이제 실행하고자 한다. 국가를 위해 기도했던 수많은 사람들이 전국적으로 그리고 해외에서도 함께 '국가기도연합'이라는 이름으로 모여 '거룩한 나라, 북한구원 통일한국, 선교한국'을 이룰 차기 대통령 선출을 위한 **초교파 연합금식기도성회**를 개최한다.

이번 구국금식성회에서는 '미스바에서의 회개와 금식'(삼상 7:6)처럼 먼저 우리의 죄악을 철저히 회개하고자 한다. 3일을 금식한 후 '죽으면 죽으리라' 결단하고 왕께 나아가 직고함으로 하만의 궤계를 무너뜨렸던

민족복음화를 위해 온 힘과 생명을 바치신 故 김준곤 목사

에스더와 같이, 이번 금식성회에서 우리 모두는 연합하여 3일을 금식하고 이 민족을 멸망시키려는 사단의 궤계(공산주의/김일성주체사상, 음란, 물질숭배)를 멸하기 위해 '죽으면 죽으리라' 결단하고, 이 민족을 살려 달라고 왕 되신 주님께 부르짖어 기도할 것이다.

에스더와 유대 민족의 금식기도를 들으시고 유대인들을 하만의 궤계로부터 건지신 하나님께서 동일하게 이 민족과 한국교회를 사단의 궤계로부터 구원해 주시고, '거룩한 민족, 영광된 통일한국, 선교한국'으로 축복해 주시기를 간절히 소원한다.

> … 유다인을 다 모으고 나를 위하여 금식하되 밤낮 삼 일을 먹지도 말고 마시지도 마소서 나도 나의 시녀와 더불어 이렇게 금식한 후에 규례를 어기고 왕에게 나아가리니 죽으면 죽으리이다 하니라 (에 4:16)

'거룩한 나라, 북한구원 통일한국, 선교한국'
이룰 대통령 선출을 위한

연합금식기도회

기간_ 12월 4일(화) 오후 2시 ~ 7일(금) 오전 12시
(화요일 저녁부터 목요일 저녁까지 첫 3일, 7끼 금식 / 금요일 아침, 점심 죽 제공)

장소_ 수원 흰돌산 기도원

주관_ 국가기도연합

문의_ 070. 4046. 6456 / pray4korea@naver.com

그러므로 내가 첫째로 권하노니
모든 사람을 위하여 간구와 기도와 도고와 감사를 하되
임금들과 높은 지위에 있는 모든 사람을 위하여 하라
이는 우리가 모든 경건과 단정함으로
고요하고 평안한 생활을 하려 함이라 (딤전 2:1-2)

극동방송 이용희 교수 1분 기도

12월 19일 대통령 선출을 위한 기도

이 땅의 낙태, 동성애, 이혼, 음란을 막아서며 거룩한 국가를 이룰 대통령을 세워 주시옵소서.

복음 듣지 못하고 죽어가는 북한 동포들의 영육구원과 통일한국을 이룰 대통령을 세워 주시옵소서.

땅끝까지 복음을 증거하는 선교한국을 이룰 대통령을 세워 주시옵소서.

주님의 뜻에 합한 후보의 생명과 삶을 순전하게 보호하여 주시옵소서. 하나님을 더욱 경외하며 정금과 같이 연단되어 세워지게 하옵소서.

주님 보시기에 합당한 대통령이 선출될 수 있도록 한국교회와 모든 성도들이 한마음으로 깨어 금식하며 기도하게 하여 주시옵소서. 미스바 성회와 같이 금식하고 회개하며 조국을 위해 부르짖게 하소서.

다니엘이 조국 예루살렘을 바라보고 하루에 세 번씩 무릎 꿇고 기도했던 것같이, 해외에 있는 교포 성도들도 대선을 앞둔 조국을 위해 깨어 금식하며 기도하게 하소서.

모든 국민들에게 바른 분별력과 하나님을 경외하는 마음을 주셔서 하나님 뜻에 합당한 대통령을 선출하게 하소서.

10

이 민족을 위한 기도의 제물들

2012년 12월호

너희는 시온에서 나팔을 불어
거룩한 금식일을 정하고 성회를 소집하라
백성을 모아 그 모임을 거룩하게 하고 장로들을 모으며
어린이와 젖 먹는 자를 모으며 신랑을 그 방에서 나오게 하며
신부도 그 신방에서 나오게 하고

(욜 2:15-16)

이 민족을 위한 기도의 제물들

2012년 12월호

동성애 지지자 vs. 몰몬교인

지난 10월 미국 선교사대회에 강사로 참석했었다. 그곳에서 만난 여러 교포 성도들이 11월 6일에 있을 미국 대통령 선거를 앞두고 누구를 찍으면 좋을지 막막하다고 답답한 심정들을 토로했다.

미국 대통령 후보였던 오바마와 롬니

공화당 대통령 후보인 롬니는 몰몬교인이고 민주당 후보인 오바마는 2008년 대통령 취임 후 낙태를 승인했고, 또 200여 명의 동성애자들을 백악관으로 초청해 만찬을 베풀고 동성애 지지 선언을 했으니 크리스천들이 누구를 찍어야 할 지 고민이 됐을 것이다.

최선을 선택할 수 없을 때, 많은 이들이 무엇이 차선인지를 고민한다. 그런데 미국 크리스천들은 대통령 선거를 앞두고 최악(最惡)을 피하기 위해 무엇이 차악(次惡)인 지를 고민해야 하는 상황이 되었다.

미국은 전 세계에서 선교사를 제일 많이 파송하는 나라이며 대통령 당선자가 대통령 취임식에서 성경에 손을 얹고 선서를 하는 나라이다. 대표적인 기독교 국가로 간주되는 미국이 어쩌다가 이런 상황이 되었을까… 미국교회의 쇠퇴와 영적 위기를 체감하게 된다.

12월 19일 대통령 선거

대통령 선거를 앞둔 한국의 상황도 만만치 않다. 주요 대선 후보 세 명 모두 기독교인이 아니고 기독교적인 가치를 정책 공약에서 충분하게 반영하는 사람도 눈에 띄지 않는다. 더구나 선심성 공약을 남발하는 시점이라 어떤 공약이 진짜고 어떤 공약은 표를 얻기 위한 선전용인지 분별하기가 어렵다.

이런 상황 속에서 성도들은 어떻게 분별하며 투표에 임해야 할 것인가? 사람들은 외모에 속아 넘어갈 수 있지만 하나님께서는 사람의 중심을 꿰뚫어 보신다.

> …사람은 외모를 보거니와 나 여호와는 중심을 보느니라… (삼상 16:7)

하나님 보시기에 가장 합당한 사람이 대통령으로 선출될 수 있도록 성도들이 간절히 기도한다면 성령님께서 성도들의 마음의 눈을 열어 주님 보시기에 합한 사람에게 투표할 수 있도록 인도하실 것이다. 더 나아가서 한국교회가 연합하여 금식하며 간절히 기도한다면 주님께서는 국민들에게 하나님을 경외하는 마음과 올바른 분별력을 주셔서 하나님 뜻에 합당한 대통령이 선출되게 하실 것이다.

불신자가 대통령이 되었을 때...

고레스왕은 이방인 왕이었지만 하나님의 뜻을 이루는 왕으로 쓰임 받았다. 고레스왕은 조서를 내려 유대인들이 포로 기간 70년을 마치고 유대 땅으로 돌아갈 수 있도록 했고, 또 예루살렘 성전을 재건축할 수 있도록 허락하였다. 이러므로 예레미야의 예언은 고레스왕을 통해 성취되었다.

> **바사의 고레스 왕 원년에 여호와께서 예레미야의 입으로 하신 말씀을 이루시려고 여호와께서 바사의 고레스 왕의 마음을 감동시키시매 그가 온 나라에 공포도 하고 조서도 내려 이르되** (대하 36:22)

> **바벨론 왕 고레스 원년에 고레스 왕이 조서를 내려 하나님의 이 성전을 다시 건축하게 하고** (스 5:13)

크리스천이 아닌 지도자도 하나님의 기뻐하시는 뜻을 이루는 통로가 될 수 있다.

박정희 대통령은 기독교인이 아니었지만 새마을운동을 통해 농촌마다 농한기인 겨울에 남자들이 술 마시고 도박하는 풍토도 갱신시켰고 근면하게 일하는 농촌 분위기를 조성해 나갔다. 또 한국 전역에 만연했던 무당굿과 점치는 행위들을 미신 행위로 근절시켰다. 60년대 중반만 해도 동네마다 무당굿을 하고 고사떡들이 집 앞에 나와 있었는데 70년대 중반에 이르러서는 이런 모습들을 시내에서는 찾아보기 어렵게 되었다. 이 모든 일들은 우리 민족이 하나님 앞에서 올바르게 세워지도록 하는 일들이었다.

서대문구 새마을 가꾸기 운동 (1972년 3월 10일)   무당굿

반면에 전두환, 노태우 대통령 시절부터는 미신행위로 간주되어 사라져 가던 점술과 무당굿들이 민속 문화라는 이름으로 활성화되기 시작하고 많은 무당들이 인간문화재로 지정되기 시작했다.

언급된 세 명의 대통령이 모두 기독교인이 아니었지만 왜 이와 같이 다른 결과가 나왔을까?
여러 가지 요인을 언급할 수 있겠지만 영적인 면에서 본다면 한국교회의 기도가 국가지도자와 국가 정책에 실제적인 영향력을 끼친 결과를 짐작해 볼 수 있다.

6-70년대에는 한국교회 성도들이 철야하며 금식하며 국가와 지도자들을 위해서 뜨겁게 기도했지만 80년대 중후반부터는 한국교회에서 금요

철야기도가 사라지기 시작했고 나라를 위한 기도가 점점 약해져갔다. 따라서 70년대 후반까지는 기독교적인 가치가 국가정책으로 반영되었다가 그 이후부터는 반기독교적인 가치가 더 힘을 얻기 시작하여 점술이나 무당굿 이외에도 음란지수, 낙태, 이혼, 자살 등이 급속하게 증가하기 시작했다.

필자가 최전방에서 군종병으로 군복무를 했을 당시 불교신자 지휘관을 모셨을 때가 있었다. 그러나 지휘관을 위해서 집중적으로 기도를 하고 나서 부대 내 복음화를 위하여 중요한 제안을 드렸을 때, 불교신자임에도 불구하고 복음전파에 적극 협력해주셨다. 민족을 위하여 금식 기도했던 느헤미야가 이방인 왕의 은총을 입고 예루살렘 성전 재건을 허락받은 것과 같이 성도들과 교회의 기도는 지도자들과 정책들을 변화시키는 능력이 있다.

잃어버린 금식기도와 철야기도

한국교회가 잃어버린 금식기도와 철야기도를 되찾지 못한다면 더 이상 죄악과 세상을 이길 수 없습니다. 60년대와 70년대, 교회는 가난했고 목회자들의 학력이 지금같이 높지 않았지만, 교회와 성도들은 모이기에 힘쓰며 뜨겁게 기도했습니다. 삼각산은 늘 기도 소리로 가득 찼었습니다(삼각산에는 국가와 민족을 위하여 부르짖는 '민족봉'과 '통일봉'이 있었습니다). 이 때 한국교회는 부흥했습니다. 국민소득 1만 불을 넘어서면서 헌금이 많아지고 목회자들이 학력도 높아지고 교회에 각종 프로그램들이 도입됐지만, 교인은 줄어들고 있습니다. 우리들의 싸움은 혈과 육의 싸움이 아닌, 영적

> 인 전쟁입니다. 기도 없이 마귀를 이길 수 없습니다.
>
> …기도 외에 다른 것으로는 이런 종류가 나갈 수 없느니라…
> (막 9:29)
>
> – 『역사를 움직이는 기도와 금식』, 이용희 교수 서문 중에서

사단이 하만의 궤계를 이용해서 유대인 전체를 멸절시키려고 했을 때, 에스더가 수산궁에 사는 유대인 전체에게 금식기도를 요청하고 본인도 시녀들과 더불어 3일을 금식한 후에 '죽으면 죽으리라' 결단하고 왕께 나아감으로 민족을 살리는 기적을 일으키게 된다.

하나님을 대적하는 김일성주체사상(공산주의), 음란, 물질숭배(탐심)가 한반도를 뒤덮고 있는 이 민족의 총체적인 위기 앞에서, 과연 한국교회와 성도들이 국가적 영적전쟁에서 승리할 수 있겠는가?

캄보디아와 베트남이 공산화 되고, 북한의 김일성이 중국 모택동에게 군사지원을 요청했을 때 고(故) 김준곤 목사님께서는 22명의 간사들과 함께 이 나라를 지키기 위해 '비상 40일 금식기도'를 하셨다. 이제는 조국을 지켰던 부모님 세대의 금식기도를 우리가 이어가야 한다.

이 민족을 위한 기도의 제물들

남북통일을 앞두고, 이 민족의 지도자를 결정하는 중대한 대통령 선거 앞에서 이제 한국교회는 결단하고 조국을 위해 연합하여 금식기도를 해야 할 때이다.

> 너희는 시온에서 나팔을 불어 거룩한 금식일을 정하고 성회를 소집하라 백성을 모아 그 모임을 거룩하게 하고 장로들을 모으며 어린이와 젖 먹는 자를 모으며 신랑을 그 방에서 나오게 하며 신부도 그 신방에서 나오게 하고 (욜 2:15-16)

전국과 전 세계에 나팔을 불어 한국교회와 교포교회들이 함께 금식일을 정하고 성회를 소집해야 한다. 노인들과 어린아이도, 또 새신랑과 새신부도 다 함께 모여 금식하며 기도해야 한다.

성경에서는 국가적 위기 앞에서 국민들이 금식하고 회개하며 하나님께 나아갔을 때마다 하나님께서는 그 민족을 긍휼히 여기시고 구원해주셨다.

주님께서는 '성 무너진 데를 막아서서 하나님으로 멸하지 못하게 할 자들 (겔 22:30)', 곧 '이 민족을 위한 기도의 제물들'을 지금 애타게 찾으신다.

'74 Explo에서 50만 명이 철야기도에 참석했다. 이러한 기도가 오늘의 대한민국이 있게 했다.

만일 누가 무슨 말을 하거든 <u>주가 쓰시겠다</u> 하라 그리하면 즉시 보내리라 하시니 (마 21:3)

예루살렘에 입성하실 때 한 번도 사람을 태워 본적이 없던 어린 나귀를 쓰셨던 주님께서 이제는 우리를 향해 '민족을 위한 기도의 제물'로 '<u>주가 쓰시겠다</u>' 고 부르신다.

이 영광스러운 부르심 앞에서 중심으로 감사하며 두렵고 떨림으로 대답해야 할 것이다.

…내가 여기 있나이다 나를 보내소서… (사 6:8)

**'거룩한 나라, 북한구원 통일한국, 선교한국'
이룰 대통령 선출을 위한**

초교파 연합금식기도성회

- 기간: 12월 4일(화) 오후 2시 – 7일(금) 오전 12시
  (화요일 저녁부터 목요일 저녁까지 첫 3일, 7끼 금식 /
  금요일 아침,점심 죽 제공)
- 장소: 수원 흰돌산기도원
- 회비: 2만원 (65세 이상 회비 없음)
- 주관: 국가기도연합
- 문의: 070.4040.6456 / pray4korea@naver.com /
  www.npn.or.kr

11

예수님 생일 선물

2013년 1월호

내 형제 중에 지극히 작은 자 하나에게 한 것이
곧 내게 한 것이니라

(마 25:40)

예수님 생일 선물

2013년 1월호

예수님 생일 선물은 어디 있어?

오래 전에 읽은 신앙수필의 내용이다. 성탄절을 앞두고 엄마가 여러 사람에게 보낼 성탄선물을 포장하고 있었는데, 어린아이가 엄마에게 질문했다.
"이 선물들이 뭐야?"
"성탄절에 보낼 선물들이란다."
엄마는 대답하면서 선물을 받을 각각의 사람들을 이야기해 주었다.

예수님께 드리는 생일 선물은 어디 있어?

아이가 이어서 물었다.
"성탄절이 뭐야?"
"예수님 생일이지."
"그러면 예수님께 드리는 생일 선물은 어디 있어?"

엄마는 잠깐 할 말을 잃었다. 정작 예수님께 드릴 생일 선물은 생각해본 적이 없었기 때문이다.

나도 이 글을 읽으며 아이 엄마와 같은 충격을 받았다. 그동안 보냈던 많은 성탄절을 돌아보며 예수님께 생신선물을 드렸던 날이 있었나 기억을 더듬어 보았다.

중학교 2학년 성탄 전날 밤, 버스 정류장에 나가서 오는 버스마다 올라타서 사탕 2개와 성탄 카드를 버스 차장 누나들에게 주고 내렸던 일이 떠올랐다. 또 오랫동안 병상에 있어 사람들에게 잊혀졌던 한 분을 찾아가서 함께 기도를 드리고 성탄 케익을 나누었던 일도 떠올랐다.

이 글을 읽은 후로는 매년 성탄절이 다가오면 예수님 생신선물을 준비하는 습관이 생겼다. 그래서 지금도 '지극히 작은 자'의 모습으로 우리

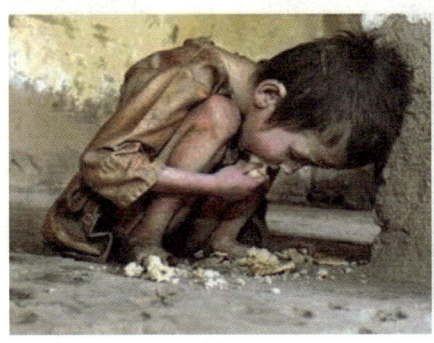

길바닥의 음식물을 주워먹는 꽃제비 아이

두만강을 넘다 경비대의 총에 맞아 죽은 탈북여성

가운데 계신 예수님을 연말마다 찾아뵙게 되었다.

> 내 형제 중에 지극히 작은 자 하나에게 한 것이 곧 내게 한 것이니라
> (마 25:40)

탈북하신 예수님

이번 성탄절에는 예수님께 어떤 생신 선물을 드려야 하나 여러 번 생각해 보았다. 올해 2월 말부터 중국 대사관 앞에서 박선영 전 국회의원, 이애란 박사, 주선애 교수 등을 통해 시작되었던 '탈북자강제북송 반대 단식 시위'가 떠올랐다.

굶어 죽지 않으려고 압록강, 두만강을 건너 중국 땅으로 탈북했지만, 인신매매 당하고 중국 공안에 붙잡히지 않으려고 도망다니는 수많은 탈북자들이 있다. 중국에서 붙잡힌 탈북자들이 강제북송되면 이들은 북한에서 고문당하고 처형당하고 정치범 수용소로 끌려가게 된다.

중국 내 일본대사관에 진입하려다 중국 공안에 의해 붙잡혀 끌려나오는 탈북민

이제는 탈북자 강제북송 반대를 외치는 동시에 탈북자들을 신속하게 남

한 땅으로 데려와야 한다. 중국 땅에 버려두면 언젠가는 발각되어 북한으로 끌려가기 때문이다.

굶주림 속에서 국경을 넘고, 중국 땅에서는 두려움과 고통 속에서 도망 다니는 '그 예수님'을 남한 땅으로 모셔오는 일을 이번 성탄절 예수님께 드리는 생신선물로 정했다. 북한을 위해 기도하는 분들이 함께 동참할 수 있도록 며칠 전에는 '예수님 생신선물' 이라는 은행계좌를 열었다. 연말까지 들어온 현금을 모아 탈북자 구출사역을 하는 분들에게 보낼 계획이다.

새해에는 교회마다 '탈북자 한 명 구출'

중국에 있는 탈북자들을 남한에 데려오는 비용이 130만원까지 내려갔다고 한다. 그러나 상황에 따라 비용은 훨씬 더 높아질 수도 있다.

2012년 4월 고난주간, 부산교회연합 「탈북자 강제북송 저지 촛불광장기도회」

새해에는 남한의 6만 교회, 그리고 전 세계 5천 한인교회마다 '탈북자 한 명 구출운동'을 시작했으면 좋겠다. 1년에 6만 5천 명의 탈북자들을 구출한다면, 몇 년 안에 중국 땅에는 강제북송될 탈북자들이 남아 있지 않게 될 것이다. 그러면 더 이상 중국대사관 앞에서 '강제북송 반대' 단식을 하거나 시위를 할 필요도 없다.

예수님께서 감격해서 눈물을 흘리시며 받으실 생신선물은 '탈북자 구출'이다.

탈북자 구출 계좌 : 신한은행 100-033-738481
　　　　　　　에스더기도운동선교회(해외탈북민사역)

12

탈북하신 예수님

2013년 2월호

너는 사망으로 끌려가는 자를 건져주며
살륙을 당하게 된 자를 구원하지 아니하려고 하지 말라

(잠 24:11)

탈북하신 예수님

2013년 2월호

탈북하신 예수님

…매년 성탄절이 다가오면 예수님 생신 선물을 준비하는 습관이 생겼다. 그래서 지금도 '지극히 작은 자'의 모습으로 우리 가운데 계신 예수님을 연말마다 찾아뵙게 되었다.

내 형제 중에 지극히 작은 자 하나에게 한 것이 곧 내게 한 것이니라 (마 25:40)

이번 성탄절에는 예수님께 어떤 생신 선물을 드려야 하나 여러 번 생각해 보았다.

…굶어 죽지 않으려고 압록강, 두만강을 건너 중국 땅으로 탈북했지만, 인신매매 당하고 중국 공안에 붙잡히지 않으려고 도망다니는 수많은 탈북민들이 있다. 중국에서 붙잡힌 탈북민들이 강제북송되면 이들은 북한에서 고문당하고 처형당하고 정치범수용소로 끌려가게 된다.

…굶주림 속에서 국경을 넘고, 중국 땅에서는 두려움과 고통 속에서 도망 다니는 '그 예수님'을 남한 땅으로 모셔오는 일을 이번 성탄절 예수님께 드리는 생신 선물로 정했다.

예수님께서 감격해서 눈물을 흘리시며 받으실 생신 선물은 '탈북민 구출'이다.

– '예수님 생일 선물' (월간 『JESUS ARMY』 2013년 1월 발간사)

'예수님 생신 선물' 계좌

작년 12월 23일 성탄절을 앞두고 예수님 생신 선물로 '탈북민 구출'을 하자는 글을 페이스북에 올렸다. 저 혼자만 할 것이 아니라 북한을 위해 기도하는 분들이 함께 '탈북민 구출'에 동참할 수 있도록 '예수님 생신 선물'이라는 계좌를 열었다.

2013년 1월 말, 현재 입금된 총 금액은 140,729,414원이다. 예상보다 훨씬 더 많은 사람들이 '탈북민 구출 운동'에 동참해 주셨다. 그리고 계속해서 송금을 하겠다며, '탈북민 구출'이 새해에 힘차게 진행되도록 격려하는 분들이 많이 있었다.

탈북처녀 구출 요청 편지

작년 12월 27일 새벽에 저에게는 다음과 같은 이메일이 도착했습니다. 중국 땅에서 인신매매범에 의해 팔려다니는 탈북 처녀를 구출해 달라는 간절한 요청이었습니다. 그 내용을 소개하면 아래와 같다.

교수님 안녕하십니까?

북한탈북 여성, 25세 이은혜(가명)는 2012년 10월에 북한을 탈북했습니다. 현재 중국 길림성 ○○구에서 인신매매단에게 붙잡혀 이곳저곳으로 팔려 다니고 있습니다. 언어도 통하지 않는 중국 땅에서 구원을 요청하는 이은혜는 구출의 손길을 목마르게, 애가 타게 기다리고 있습니다. 그녀는 지금 목소리가 온 강산에 터지도록 울고 불며 구출을 기다리고 있습니다. 탈북하기 위해 그녀가 두만강을 넘어온 비용을 만드느라 중국에서 여기저기 팔려 다니고 있어, 살기가 죽기보다 힘들다고 합니다. 마지막으로 하나님의 구원의 손길을 기다리고 있습니다. 그녀를 구출하여 주십시오. 북한에서 더 이상 살 수가 없어 중국으로 도망쳐 왔건만, 또 다시 마귀들이 그녀의 영혼에 상처를 주고 있습니다. 제가 고모인데 조카를 생각하며 날마다 하나님께 기도에 기도를 외치고 있습니다. 탈북한 조카 이은혜의 영혼을 구원하여 주십시오.

제가 통화한 전화내용을 들으신 목사님과 사모님 역시, 한 북한 탈북여성의 비참한 소식에 지금 이 새벽에도 저와 함께 눈물로 기도하고 계십니다.

중국내 탈북민들을 남한으로 데려오는 브로커와 구출비용 때문에 통화를 했는데 170만 원이 있어야 한다고 합니다. 제가 브로커에게 간곡하게 사정했습니다.

"지금은 돈이 하나도 없지만, 비용마련을 위해 하나님께 기도하는 중입니다." "150만 원으로 깎아주시면 안될까요?" "돈은 꼭 만들어 드리겠습니다." 브로커는 저의 딱한 사정을 듣고는 150만 원으로 조카를 태국까지 데려다 주겠다고 하였습니다.

저는 한국에 온지 2년이 되었습니다. 현재 ○○대학 사회복지학과에 재학 중이며 재정적인 능력이 없는 상태입니다.

오직 주님의 도우심만을 구하며 기도하고 있습니다.

교수님,
이 일을 위해 기도해 주십시오.
제 조카를 살려 주십시오.
새날이 밝아오는 이 새벽,
우리 탈북민들을 위하여 진심으로 기도하시는 교수님께 감사의 인사를 올립니다.

탈북민 김안나(가명) 올림

이 구출요청을 받고 나서 '예수님 생신 선물' 프로젝트에 함께하는 분들이 모여 회의를 했다. 회의 결과, 이번에 모금된 헌금을 통한 '첫 구출'로 김안나 성도님의 조카인 탈북민 25세, 이은혜 자매를 구출하기로 결정했다.

앞으로 계속되는 '탈북민 구출'요청에 부응할 수 있도록 '예수님 생신 선물' 계좌를 관할하며 '탈북민 구출' 프로젝트를 진행할 '탈북민구출위원회'

를 구성하게 되었다. 위원장으로는 탈북민들에게 남다른 사랑을 갖고 헌신해 오신 이호 목사님(『하나님의 기적, 대한민국 건국』 저자)께서 맡아 주셨다. 앞으로 이 계좌로 들어오는 모든 헌금은 '탈북민 구출'을 위해서 실제적으로 사용될 것이다.

> **'예수님 생신 선물' 계좌 헌금 사용원칙**
>
> 1. '예수님 생신 선물' 계좌의 헌금은 100% 탈북민 구출에만 사용한다. (행정비 등으로 지출되지 않음)
> 2. 탈북민 구출자 심사의 모든 과정들을 문서화 한다.
> 3. 구출자 선별은 중국 내 탈북민을 원칙으로 한다.

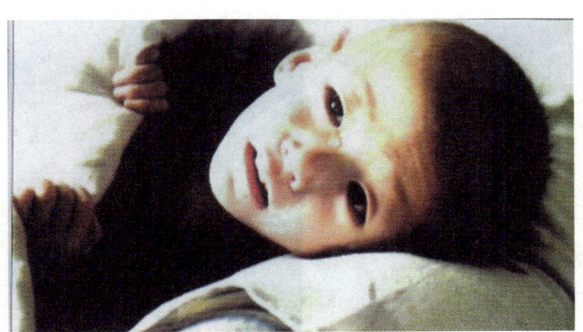

"북한의 6살 미만 어린이 전체 240만 명 중, 100만 여 명이 영양장애" (유엔 아동기금 2012)

탈북민들이 모두 남한 땅으로 들어올 때까지

'예수님 생신 선물'이라는 글을 쓴 가장 큰 목적은 남한의 6만 교회와 전 세계 한인교포 5천 교회에서, 새해에는 '교회마다 탈북민 한명 구출 운동'이 펼쳐지기를 간절히 바랐기 때문이다. 또 이런 운동이 일어나도록 오랫동안 기도했었다.

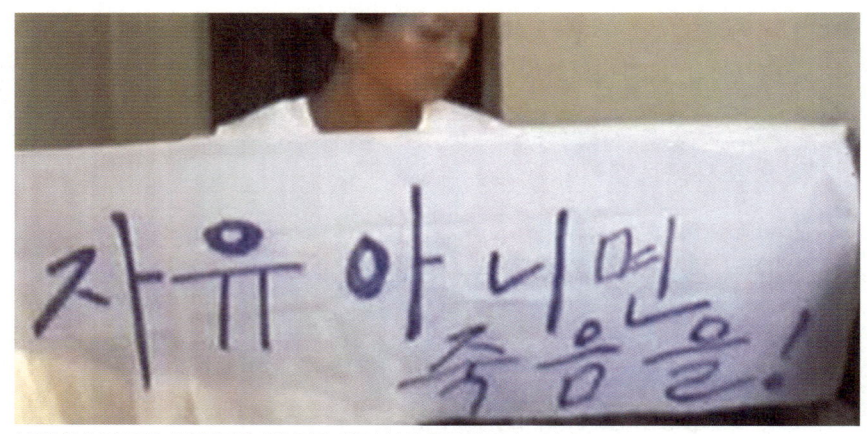

한 탈북여성이 중국 내 안전가옥에서 직접 만든 현수막을 들어 보이고 있다.

그런데 이번에 '예수님 생신 선물' 계좌에 많은 분들이 참여함을 보고, 교회마다 '탈북민 한 명 구출 운동'과 함께 '예수님 생신 선물' 프로젝트도 동시에 진행하려고 한다. 중국 땅에서 쫓겨다니는 탈북민들이 모두 남한 땅으로 들어올 때까지 그리고 '북한구원 통일한국'이 이루어질 때까지 '탈북민 구출'은 계속 될 것이다.

> 너는 사망으로 끌려가는 자를 건져주며 살륙을 당하게 된 자를 구원하지 아니하려고 하지 말라 (잠 24:11)

> 또 주린 자에게 네 양식을 나누어 주며 유리하는 빈민을 집에 들이며 헐벗은 자를 보면 입히며 또 네 골육을 피하여 스스로 숨지 아니하는 것이 아니겠느냐 (사 58:7)

탈북자 구출 계좌 : 신한은행 100-033-738481
　　　　　　　　에스더기도운동선교회(해외탈북민사역)

13

LET MY PEOPLE GO!
내 백성을 보내라 (출 8:1)

2013년 3월호

내 백성을 보내라
(출 8:1)

LET MY PEOPLE GO!
내 백성을 보내라 (출 8:1)

2013년 3월호

북녘 땅에서 일어나는 거짓말 같은 이야기들

눈 내리는 날이면, 얼어붙은 땅바닥에 버려져서 눈을 바라보았던 한 아이가 떠오릅니다.

"저 눈이 모두 쌀이었으면 좋겠다…"

눈을 보고 꿈을 꾸며 눈을 감았던 아이. 그러나 다시는 깨어나지 못했던 열 살 난 꽃제비 리미영.
보름째 아무것도 먹지 못해 청진 시내 한 귀퉁이에서 굶어죽었습니다.

남쪽에서 "주여"를 외칠 때면, 북쪽에서 "주여"를 외쳤던 어느 청년이 떠오릅니다. 우리가 외치는 "주여" 앞에는 "통성 기도를 합시다"는 말이 붙는데 그가 외친 주여 앞에 붙은 말은 "사형수 고개 들어!"였습니다. 기독교를 믿는다는 이유로 공개 총살당한 스물 세 살 최재연입니다. 그의 심장을 뚫어버린 총탄 앞에서 눈물과 함께 남긴 외마디 비명,

"주여…!"

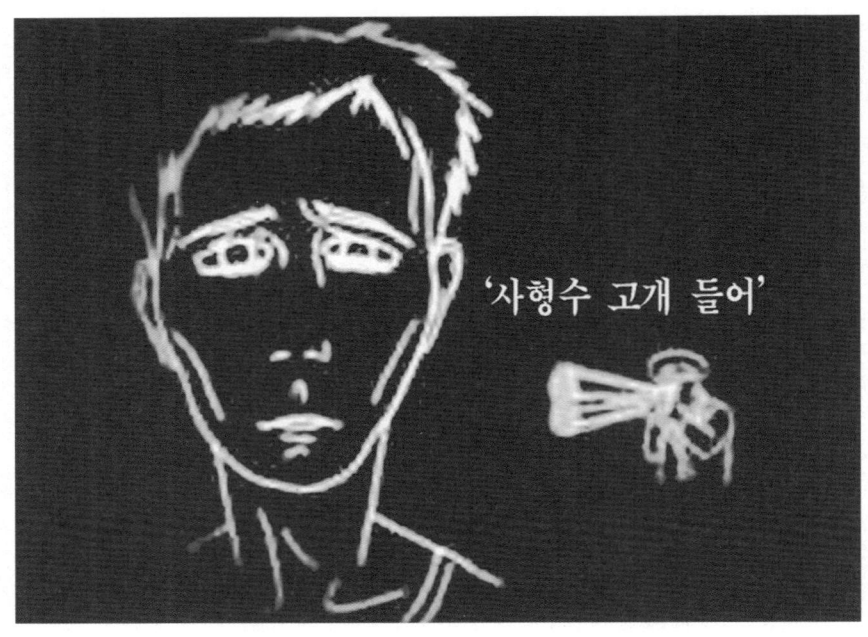

넓디넓은 중국 대륙에는 탈북 여인들의 한(恨)이 핏자국처럼 서려 있습니다. 우리 겨레의 딸들이 동물처럼 팔리며 짐승처럼 취급당합니다.

그런데도, 팔려가고 학대받을 것을 알면서도, 더 이상 배고픔을 견딜 수 없어 강을 건너는 동포들의 비극적인 행렬은 이어집니다.

지옥이 어떤 곳인지를 보여주는 20만 명이 갇힌 정치범수용소, 강제 북송된 탈북자들이 받아야 하는 인권 유린, 수용소에 갇힌 7만 기독교인들이 겪어야 하는 끔찍한 고난, 얼어죽고 맞아죽고 굶어죽는 사람들….

내 조국 한반도에서 매일 일어나는 거짓말 같은 이야기들은 끝이 없습니다. 이제, 거짓말 같은 이야기에 끝을 맺어야 합니다. 악몽 같은 현실을 끝내야 합니다.

'예수님 생신 선물' 계좌

> 내가 기뻐하는 금식은 흉악의 결박을 풀어주며 멍에의 줄을 끌러주며
> 압제 당하는 자를 자유하게 하며 모든 멍에를 꺾는 것이 아니겠느냐
> (사 58:6)

하나님이 기뻐하시는 금식으로 북한을 묶고 있는 흉악의 결박을 끊어야 합니다. 금식하여 부르짖음으로 압제 당하는 동포들을 자유케 해야 합니다. 금식하여 부르짖는 가운데, 북한을 사로잡고 있는 어둠의 세력을 향하여 외쳐야 합니다.

"내 백성을 보내라!"
"LET MY PEOPLE GO"

최근 3차 핵실험으로 한국과 전 세계를 위협하는 북한 핵무기를 기도로 하나님께 올려 드려야 합니다. 대한민국의 국방과 안보는 성도들의 기도에 달려 있습니다. 조국을 위해 금식하고 부르짖으며, 북한구원 통일 한국을 이루는 금식기도운동에, 주님께서 여러분 각각을 부르십니다.

북한구원 월요기도운동
1) 매주 월요일 1끼를 금식하면서 식사시간 20분을 북한 구원을 위해 기도
2) 1끼 금식한 식사 금액을 북한구원 헌금으로 드림
   헌금은 출석교회나 북한선교사역에 드림
3) 가까운 지역에서 열리는 북한구원 기도모임에 참여

북한구원 지역/캠퍼스 월요기도모임

지역	모임 수	연락처
서울 지역	15개 지역	전○근 목사 010-8007-0000
인천, 경기 지역	41개 지역	유○미 간사 010-6267-0000
강원 지역	6개 지역	박○현 목사 010-3745-0000
대전, 충청 지역	29개 지역	박○○더 선교사 010-4413-0000
광주, 전남 지역	10개 지역	김○수 목사 010-3393-0000
전주, 전북 지역	12개 지역	양○록 목사 011-673-0000, 정○희 목사 010-7661-0000
제주 지역	2개 지역	고○영 목사 010-6269-0000
대구, 경북지역	12개 지역	박○필 목사 010-2281-0000, 최○선 목사 010-2762-0000
부산, 경남지역	20개 지역	헤○드 선교사 010-9901-0000, 김○희 목사 010-7367-0000
해외 지역 (미주 제외)	29개 지역	조○환 선교사 010-7376-0000
미주 지역	35개 지역	에○○윤 선교사 010-5646-0000
캠퍼스 모임	55개 지역	김 인 간사 010-6550-0000
24시 기도의 집	6개 지역	서울, 중국, 이슬람권, 이스라엘 소재
탈북민 모임	3개 지역	장○경 간사 010-2268-0000

통일광장기도회

장은경 간사 010-2268-3530 www.uniprayer.net

no	지역	모임 장소	모임 시간
1	서울	서울역광장	월 저녁 7시 30분
2	부산	부산역광장	월 저녁 7시 30분
3	당진	당진버스터미널광장	월 저녁 7시 30분
4	원주	체육회관 앞 광장	월 저녁 7시 30분
5	대전	대전역 광장	화 저녁 8시
6	구미	구미역광장	월 저녁 8시
7	여수	여수거북광장	월 저녁 6시 30분 (2, 4주)
8	부평	부평 북광장	화 저녁 7시
9	안양	안양역광장	화 저녁 7시
10	충주	체육회관 광장	화 저녁 7시
11	춘천	남춘천역 P27	월 저녁 7시 (마지막 주)
12	수원	수원역광장	월 저녁 8시
13	울산	태화로터리 강변광장	월 저녁 8시
14	청주	청주 중앙공원	목 저녁 7시 (마지막 주)
15	마산	마산역광장 입구	목 저녁 6시
16	전주	전주역광장	월 저녁 8시
17	강릉	솔올공연장	월 저녁 7시
18	분당	야탑역 3, 4 출구 광장	월 저녁 7시 30분
19	대구	동대구역광장	월 저녁 8시
20	군산	군사시립도서관 옆 체육공원	월 저녁 7시 30분
21	광주	광주공원	일 저녁 6시
22	김해	연지공원	월 오후 3시
23	필리핀	마닐라 퀘존광장	화 오후 4시
24	뉴질랜드	오클랜드 아오테오광장	월 저녁 8시

14

세 번째 시도, '2013 차별금지법'

2013년 4월호

너희가 죄와 싸우되 아직 피흘리기까지는
대항하지 아니하고

(히 12:4)

세 번째 시도, '2013 차별금지법'

2013년 4월호

다시 고개드는 차별금지법

작년 말과 올해 초에 걸쳐서 국회의원들에 의해 차별금지법안이 3건이나 발의되었고 66명의 국회의원들이 이 법안에 서명을 하여 국회에 제출하였다.

1) 통합진보당 김재연 의원 대표발의 (2012.11.6.) : 통합진보당 6명, 민주통합당 4명
2) 민주통합당 김한길 의원 대표발의 (2013.2.12.) : 민주통합당 51명
3) 민주통합당 최원식 의원 대표발의 (2013.2.20.) : 민주통합당 11명, 진보정의당 1명

자유민주주의 사회에서 중요한 법들이 제정될 때에는 철저한 검증과 공청회 등 사회적 합의가 선행되어야 한다. 하지만 이번에 발의된 차별금지법안은 이 모든 절차를 무시하고 의원들끼리만 모여 몰래 발의하는 비민주적인 행태를 보였다. 즉 많은 국민들이 알지 못한 상태에서, 자녀들의 앞날과 국가 장래를 심각하게 위협하는 차별금지법안이 추진되고 있는 것이다.

'2013 차별금지법' 무엇이 다른가?

2007년과 2010년에 시도되었다가 하나님의 전적인 은혜로 무산되었던 차별금지법안들과 2013년에 세 번째로 시도되고 있는 차별금지법안 사이에는 중요한 차이점이 있다. 이번에는 '사상 또는 정치적 의견', '전과(前科)', '종교' 등에 대한 차별금지가 포함되어 있다. 법안의 문제가 되는 내용은 아래와 같다.

> **차별금지법안 (제3조 제1항 제1호)**
>
> 제3조(차별의 범위)
> ① 이 법에서 차별이란 다음 각 호의 어느 하나에 해당하는 행위 또는 경우를 말한다.
>
> 1. …종교, 사상 또는 정치적 의견, 전과(前科), 성적지향, 성정체성, … 이유로…불리하게 대우하는 행위

이번 차별금지법안의 심각한 문제는 아래 독소 조항들에 대해 차별을 금지하는 것을 넘어 독소 조항들을 합법화, 정당화한다는 점이다. (법을 어길 경우, 3천만원 이하의 벌금이 부과된다.)

1. 사상 또는 정치적 의견에 대해 차별금지

차별금지법안이 제정되면 김일성주체사상을 신봉하고 김일성, 김정일, 김정은을 지지하는 세력들이 국회와 중요공직에서 자유롭게 적화활동을 펼쳐갈 것이다.

광화문 한복판에서 "김일성 만세"를 외치도록 조장하고, 북한을 찬양하

한총련 대의원 출신, 비례대표 부정선거 논란의 주역이었던 김재연 의원-차별금지법 대표발의자 (사진출처 =NEWS1)

는 국회의원들이 김일성 배지를 달고 국회에 입성하고, 김일성주체사상을 교육하며 선전하고, 반국가적 행위와 김일성, 김정일, 김정은을 찬양하는 것도 합법이 된다. 이는 국가를 무너뜨리는 행위이다!

차별금지법안은 국가정체성을 훼손하고 국가안보를 심각하게 위협하며, 김일성주체사상과 북한의 김일성, 김정일, 김정은 3대 세습독재를 반대하는 사람들을 합법적으로 억압하고 처벌하는 반국가적인 악법이다.

2. 성적지향(동성애), 성정체성(트렌스젠더)에 대한 차별금지

미국 메사추세츠에서는 동성애법이 통과된 후 중·고등학교 성교육 시간에 동성간 성행위(항문성교)를 가르치고 있다. 차별금지법안이 통과되면 우리나라에서도 초·중·고등학교 성교육 시간에 동성간 성행위를 함께 가르치게 될 것이다.

또한 교회에서조차 성경대로 동성애를 죄라고 가르치지 못하게 된다. 미국 홀즈 목사가 영국에서 순회 설교 중 동성애자로부터 동성애에 대해 질문을 받고 "동성애는 죄"라고 답한 후 경찰에 체포되어 1,500 달러의 벌금형을 받고 추방되었다. 스테판 목사는 영국 웨일즈에서 게이들의 행진 대열에서 "너의 죄에서 돌아서면 구원을 받을 것이다"란 구절이 쓰인 팜플렛을 나눠주다 경찰에 체포되었다. 스웨덴 아케 그린 목사는

"탤런트 홍석천 씨가 지난 18일 민주노동당에 입당했다." (사진출처=한겨레신문)

'동성애는 죄'라고 설교했다가 한 달의 금고(감옥)형을 선고받았다.

동성애는 선천적인 것이 아니라 후천적인 환경 요인을 통해 학습, 개발된다. 동성애 문화에 노출이 많은 도시 청소년들이 시골 청소년들에 비해 동성애자 비율이 훨씬 높은 조사결과가 있다.

동성애자들이 자녀들을 입양해서 키우겠다고 한다.
그러나 과연 **'남자엄마'** 밑에서 자란 아이가 행복할까?
게이들의 평균수명은 일반인보다 25-30년 짧다. AIDS 감염율은 100배 이상, 청소년 자살율은 4배이상, 암 발병율은 2배다.

3. 종교에 대한 차별금지

차별금지법안이 통과되면 종교에 대한 합당한 비판도 할 수 없게 된다. 예를 들어, 이슬람교의 테러와 폭력, 여성인권유린(명예살인, 검은 차도르를 온몸에 감고 다님, 한 남자가 4명의 아내를 소유)에 대해 부정적인 말을 할 경우 처벌을 받을 수 있다. 이란에서는 아버지가 7살 난 어린 딸이 삼촌에게 강간당했다는 의심이 들자, 친딸의 목을 베어 '명예살인'하였다. 무슬림의 한 성지에서는 불타는 건물에서 탈출하려던 15명의 소녀들이 베일을 쓰지 않았다는 이유로 종교경찰들이 입구를 막아 불에 타 죽었다. 또 최근에 교회에 침투하여 많은 교인들을 미혹하며 교회를 무너뜨리는 '신천지'와 같은 이단 집단에 대해서도 비판하면 처벌받을 수 있다.

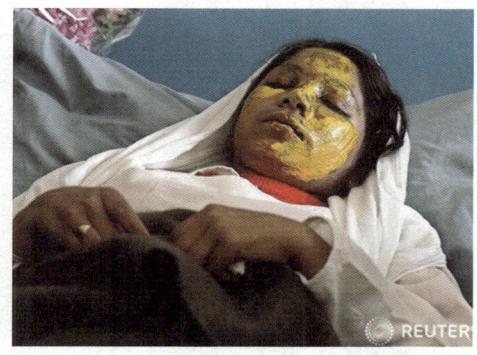
학교에 가는 것을 금지하는 탈레반 무장세력에게 산(酸) 공격을 당한 아프가니스탄의 샴시아 양 (사진출처=로이터통신)

4. 전과(前科)에 대해 차별금지

이 법이 통과된다면 미성년자 성폭행 전과자가 초등학교 선생님이 되어도 이를 제지할 수 없다. 이런 차별금지가 어린 학생들이 안전하게 보호받을 권리, 올바른 교육을 받을 권리보다 더 중요하단 말인가.

간첩죄와 반국가적 범죄자들이 전향하지 않은 채 국회나 국가 중요공직에 임용되는 것이 차별금지인가. 이 법안은 간첩죄나 국가보안법 위반자, 반국가적 행위로 전과자가 된 사람들을 공직에 세우기 위한 준비 작업이 될 수 있다.

어린 학생들과 국민 대다수의 인권과 국가안보를 위협하는 차별금지법안은 악법이다.

5. 국민 무시하고, 일부 국회의원들이 몰래 발의한 '막가파식 기습 발의'

차별금지법안은 자유민주주의 국가에서 허용되는 건전한 비판을 범죄로 취급하며 국민의 바른 말할 권리를 심각하게 탄압한다. 결국은 우리 자녀들을 망치고 국가가 무너지는 상황 속에서도 처벌이 무서워 아무 말도 못하는 '벙어리 국민'을 만들 것이다. 이는 명백히 헌법에 보장된

2013. 3. 19. (화) 조선/중앙/동아/국민 4대 일간지 전면 성명광고

우리 자녀들과 나라 망치는 "차별금지법" 학부모들과 교육자들, 국민 대다수는 반대합니다!

우리 자녀들과 나라 망치는 차별금지법 반대 기자회견/국민대회

차별금지법 반대 '일천만명 국민 서명운동' 발대식

일시 및 장소 : **2013년 3월 20일 수요일**
1차 / 낮 12:30 민주통합당 당사 앞 (5호선 영등포시장역 4번출구)
2차 / 낮 1:30 국회의사당 정문 앞 (9호선 국회의사당역 6번출구)

국민여러분, 민주통합당, 통합진보당, 진보정의당이 "우리 자녀들과 나라를 망치는 차별금지법"을 3건이나 발의한 것을 아십니까?

망국 차별금지법 대표 발의한 김재연, 김한길, 최원식 의원 공동발의한 66명의 민주통합당, 통합진보당, 진보정의당 의원들은 전원 사퇴하라!

전국의 학부모들과 교육자들은 '전국유권자연맹'을 결성하여, 차별금지법을 지지하는 의원과 정당에 대해 이번 '4.24 보궐선거'와 앞으로 있을 모든 선거에서 지지를 철회한다! 이 법안의 폐지를 주장하는 정치인들과 정당을 적극 지지할 것이다!

[차별금지법안 (제3조 제1항 제1호) 제5조(차별의 범위) ① 이 법에서 차별이란 다음 각 호의 어느 하나에 해당하는 행위 또는 경우를 말한다.
1. ...임신 또는 출산...사상 또는 정치적 의견, 전과(前科), 성적지향, 성정체성......이유로...불리하게 대우하는 행위

[이번 차별금지법은 단순히 차별금지가 아니라 독소 조항인 아래 내용들을 합법화, 정당화하는 법안입니다.]

[뜻을 밝이한 66명, 민주통합당 59명, 통합진보당 6명, 진보정의당 1명 외에들의 명단 / 지역구 공개]

이름	지역구	정당	이름	지역구	정당	이름	지역구	정당	이름	지역구	정당
김광진	비례대표	민주통합당	김영주	고양 일산서	민주통합당	배기운	나주 화순군	민주통합당	유성엽	전북 정읍	민주통합당	전정희	전북 익산을	민주통합당	한명숙	비례대표	민주통합당
김동철	광주 광산갑	민주통합당	남인순	비례대표	민주통합당	배재정	비례대표	민주통합당	윤관석	인천 남동을	민주통합당	정성호	경기 양주동두천	민주통합당	홍의락	비례대표	민주통합당
김민기	용인을	민주통합당	노인순	청주 흥덕갑	민주통합당	부좌현	안산 단원을	민주통합당	이낙연	담양함평영광	민주통합당	정청래	서울 마포을	민주통합당	홍종학	비례대표	민주통합당
김성곤	전남 여수갑	민주통합당	노웅래	서울 마포갑	민주통합당	서영교	서울 중랑갑	민주통합당	이상직	전주 완산을	민주통합당	정호준	서울 중구	민주통합당	황주홍	장흥강진영암	민주통합당
김영록	해남완도진도	민주통합당	도종환	비례대표	민주통합당	설훈	부천 원미을	민주통합당	이언주	경기 광명을	민주통합당	조정식	경기 시흥을	민주통합당	김미희	성남 중원구	통합진보당
김영환	경기 안산상록을	민주통합당	문병호	인천 부평갑	민주통합당	신경민	서울 영등포을	민주통합당	이원욱	경기 화성을	민주통합당	주승용	전남 여수을	통합진보당	김선동	순천 곡성구	통합진보당
김용익	비례대표	민주통합당	문재인	부산 사상	민주통합당	신장용	경기 수원을	민주통합당	이인영	서울 구로갑	민주통합당	진선미	비례대표	통합진보당	김재연	비례대표	통합진보당
김우남	제주 서귀포	민주통합당	문희상	경기 의정부갑	민주통합당	안민석	경기 오산	민주통합당	이찬열	경기 수원갑	민주통합당	최동익	비례대표	민주통합당	오영훈	광주 서구을	통합진보당
김재윤	제주 서귀포	민주통합당	민병두	서울 동대문을	민주통합당	유은혜	서울 노원을	민주통합당	이춘석	전북 익산갑	민주통합당	최민희	인천 계양을	민주통합당	이상규	서울 관악을	통합진보당
김진표	경기 수원정	민주통합당	박영선	서울 구로갑	민주통합당	유승희	서울 종로구	민주통합당	유수경	광주 구례군	민주통합당	최원식	비례대표	민주통합당	이석기	비례대표	통합진보당
김한길	서울 광진갑	민주통합당	박원선	서울 구로을	민주통합당	유미안	서울 강북을	민주통합당	장하나	비례대표	민주통합당	주미애	서울 광진을	민주통합당	심상정	고양 덕양구	진보정의당

이름	연락처	정당	이름	연락처	정당	이름	연락처	정당
권성동	02-784-3396	새누리당	김태흠	02-784-3860	새누리당	이준석	02-784-3285	민주통합당	최원식	02-784-9792	민주통합당
이주영	02-784-5282	새누리당	김희선	02-784-5680	새누리당	박범계	02-784-6960	민주통합당	서기호	02-784-4591	진보정의당
김도읍	02-784-1740	새누리당				전해철	02-784-8902	민주통합당			

[차별금지법 반대 국민연대] 전국주민자녀연맹 전국어머니전국모임 참교육어머니전국모임 나라사랑학부모회 바른교육교수연합 바른교육교수연합 바른인터넷 동성애방반대국민연합 시민단체 일동

※ 우리 자녀들과 조국의 앞날을 위해 여러분의 후원과 정성이 절실히 요청됩니다.

양심의 자유, 표현의 자유를 억압하는 것이다.

국가와 사회의 모든 영역을 제자삼는 그리스도인들

성경은 모든 족속(all Nations)을 제자로 삼으라고 말씀하고 있다. 이 뜻은 한 국가나 민족의 정치, 경제, 교육, 문화 등의 모든 기본이 되는 법률들이 성경에 반대되지 않도록 사회와 국가를 제자 삼는 것을 의미한다. 반성경적인 차별금지법안이 입법되면, 교회에서조차 성경대로 가르치지 못하고 동성애 등 각종 죄악이 이 땅에 가득 차게 될 것이다.

나라와 자녀들과 한국교회를 위해 성도들 모두의 기도와 분명한 반대의사 표현이 절실히 요청된다.

"교회가 침묵하면 차별금지법은 통과된다."
지금, 우리 모두가 빛과 소금이 되어야 할 때이다.

15

거룩한 선진한국

2013년 5월호

남자들도 순리대로 여자 쓰기를 버리고
서로 향하여 음욕이 불 일듯 하매
남자가 남자와 더불어 부끄러운 일을 행하여…
이같은 일을 행하는 자는 사형에 해당한다고
하나님께서 정하심을 알고도 자기들만 행할 뿐 아니라
또한 그런 일을 행하는 자들을 옳다 하느니라

(롬 1:27, 32)

거룩한 선진한국

2013년 5월호

끝나지 않은 영적 전쟁

김재연, 김한길, 최원식 국회의원의 차별금지법 대표 발의가 있은 후 법제사법위원회에서는 지난 3월 26일부터 4월 9일까지 최원식 의원이 발의한 차별금지법에 대한 의견수렴 기간을 가졌다. 4월 9일까지 국회 홈페이지 게시판에 올라온 국민의견은 무려 10만 6천여 건이었고 이 내용 중 약 99%는 반대의견이었다. 이 외에도 많은 국민들이 전화와 우편, 이메일, 팩스 등을 통해 반대의견을 표현했다.

결국 4월 19일 김한길 의원과 최원식 의원은 차별금지법 발의를 철회하

4월 9일 국회의사당 앞, 차별금지법반대국민연대 기자회견

였다. 그러나 김재연 의원은 철회하지 않고 끝까지 추진하겠다고 밝혔다. 김한길, 최원식 의원의 경우도 그들의 철회는 '2보 전진을 위한 1보 후퇴'라고 했다. 4.24 국회의원 재보선 선거를 앞두고 자신들의 소속 정당이 표를 잃지 않기 위한 전략이기도 하다. 또 올해 법무부에서 추진하는 차별금지법을 통해 '정부 vs 보수 기독교 단체'와의 싸움으로 유도하겠다는 것이다. 이런 면에서 차별금지법 이슈는 아직 끝나지 않은 영적 전쟁이다.

현재 선진국들은 동성애법으로 진통을 앓고 있다. 선진국 사례들을 통해서 동성애법이 통과되면 어떠한 상황이 발생하는지 살펴보고자 한다.

1. 뉴질랜드

지난 4월 17일 뉴질랜드 국회에서는 동성애결혼법이 3차 표결에서 77:44로 통과되었다. 동성애결혼법을 막아서기 위해 다섯 명의 한인 목사님들이 국회를 방문해서 여러 국회의원들을 만나 한인기독교계는 동성애결혼법을 반대한다고 분명한 의사전달을 했다. 또 한인교회 목회자들과 성도들이 함께 모여 동성애법 부결을 위한 지속적인 연합기도회를 가졌다.

국회 1차 투표에서 80:40으로 동성애법이 통과되었을 때 오클랜드 순복음교회에서 주일예배 후에 교회에서 준비한 노트북들을 사용하여 많은 성도들이 지역구 국회의원 머레이 멕컬리에게 동성애법 반대의견을 피력하는 이메일을 보냈다. 한인 교포성도들의 이메일을 받은 머레이 멕컬리 국회의원은 2차와 3차 투표 때에 동성애법 찬성에서 반대로 돌아섰다. 이것이 유권자들의 힘이다.

이와 같은 한인교포교회의 기도와 노력에도 불구하고 뉴질랜드는 13번째로 동성애결혼법이 통과된 나라가 되었다.

뉴질랜드 동성애법을 막아서기 위해 웰링턴 국회광장에서 열린 다민족연합기도회

동성애결혼법이 통과되는 쪽으로 대세가 기울자 뉴질랜드 기독교계는 아래와 같은 경우에 성직자와 교회가 처벌 대상에서 제외될 수 있도록 국회에 요청했다.

(1) 성직자가 교리적인 이유로 동성애자 결혼식 주례를 거절할 경우
(2) 교회가 교리적인 이유로 동성애자 결혼식장으로 사용되는 것을 거절할 경우
그러나 국회에서는 기독교계의 요청을 88:22로 부결시켰다.

2. 스웨덴

> …스웨덴에서는 동성애에 대해 부정적인 설교를 한 아케 그린 목사에게 징역 1개월의 실행을 선고했다(2004년 8월). 동성애가 성경적으로 옳지 않다고 설교한 것을 동성애에 대한 혐오와 증오를 드러낸 불법행위로 규정하였기 때문이다.

동성애 인권 법안에 대한 스웨덴 의회 내 심사가 진행 중이던 지난 2002년 7월 스웨덴 법무장관은 이 법안에 대한 기독교인들의 우려에 대해 "위험스런 나치 캠페인을 고려한 법이지 기독교를 겨냥한 것이 아니다"라고 크리스채니티 투데이에 말했다.

이에 대해 스웨덴 복음주의 연맹 구스타프슨 회장은 "이 법안이 성경을 믿는 교회를 겨냥한 것이 아니라고 말하는 법무부 장관이나 다른 사람들의 구두 선언들을 순진하게 믿어서는 안 된다. 법정은 정치적 발언이 아니라 명시된 법률로 판결한다"고 경고했으며 "앞으로는 목사들은 동성애에 대한 설교를 하려면 법정에 설 것을 각오해야 할 것이다"라고 덧붙였다.

이 경고를 받고도 동성애 관련 법안의 통과 앞에서 침묵했던 스웨덴 교회는 설교자의 감옥행 앞에서 아무런 힘을 쓸 수 없었다. '후회해도 이제는 더 이상 돌이킬 수 없는' 올무에 걸리고 만 것이다. 스웨덴 교회의 후회가 한국 교회의 후회가 되지 않도록 해야 한다.(중략)

기독신문 2010년 11월 9일 '[시론] 동성애 입법 반드시 막아야 한다.' (이용희 교수)

3. 영국

영국 크리스천투데이에 따르면 잉글랜드 컴브리아 주 워킹턴에서 사역하고 있는 데일 맥알파인(42) 목사는 최근 길에서 설교하던 도중 동성애가 죄냐는 한 동성애자의 질문에, "동성애는 우상숭배, 신성모독, 간음, 술 취함 등과 같이 성경에 분명하게 나타나 있는 죄악"이라고 답했다. 질문을 한 동성애자는 곧바로 한 인권단체에 그를 신고했고, 이 단체 관계자에 이끌려 경찰서에 나가 조사를 받은 맥알파인 목사는 "타인을 학대하고 고통을 유발했다"는 혐의를 부과받았다(2010년).

맥알파인 목사는 혐의를 부인했으나 경찰은 그를 구금했고, 7시간을 감옥에서 보낸 맥알파인 목사는 보석금을 지불한 뒤에야 풀려났다.

영국에서는 지난달에도 미국 출신의 숀 홀즈 목사가 거리에서 설교를 전하던 중 동성애를 죄라고 지적한 뒤 체포되어 벌금형을 선고 받은 일이 있다. 홀즈 목사 역시 설교를 하던 현장에 있던 동성애자들의 질문에 답을 했다가 이 같은 일을 당했다. 홀즈 목사는 동성애에 대해 어떻게 생각하느냐는 물음에 "동성애는 하나님께서 미워하시는 죄"라고 대답했는데, 당시 경찰은 홀즈 목사에게 "호모포비아(동성애혐오증)를 부추김으로써 사회 균형을 깨뜨렸다"는 혐의를 씌웠다.

맥알파인 목사와 홀즈 목사는 동성애자들의 질문이 다분히 고의성을 띠고 있었던 것 같다고 공통적으로 밝히고 있다.

미국 복음주의 교계 지도자인 앨버트 몰러 남침례신학교 학장은,

"우리는 기독교 사역을 범죄로 간주하고, 기독교인의 양심의 자유와 표현의 자유를 제한하는 현실을 보고 있다"며 "성경은 분명히 동성애를 죄악으로 밝히고 있으며, 교회는 20세기 동안 이를 가르쳐 왔다. 그런데 지금은 오히려 죄를 가르치는 것이 감옥에 보내질 수 있는 죄가 되어 버렸다"고 비판했다.

"직장에서 기독교적 색채를 띠면 강등되거나 실직합니다. 크리스천은 의사나 간호사, 입양 부모로서 자격을 의심받습니다. 일터에서 하나님에 대해 말하면 처벌을 받습니다. 동성애자나 무슬림을 불쾌하게 만들었다는 이유입니다."

폴 다이아몬드 / 변호사
"영국에서 동성애자 문제는 한창 진행 중입니다. 그들은 크리스천을 체포해서 증오범죄법으로 감옥에 가두며 정부에 대한 끊임없는 소송을 차단합니다. 계속되는 공격에 죽거나 그저 살려둘 뿐인 거죠. '당신의 기독교적 가치는 부도덕하고 나쁘다.' 그것이 그들이 믿게 하는 강령인 것입니다"

영국 기독교 전통이 거의 무너지는 데는 10년이 걸리지 않았다고 말합니다. (중략)

http://www.bbchurch.or.kr/ '차별금지법' (이동원)

영국의 셜리 채플린 사건을 주목해야 한다. 로열 데본 엑스터 병원에서 일했던 간호사 셜리는 십자가 목걸이를 빼라는 지시를 거부했다가 실직되었다. 크리스천 법률 센터의 안드레아 윌리엄스는 "무슬림에겐 히잡(여성들이 쓰는 검은 베일)이나 팔을 가리는 물건이 허용돼요. 이슬람 신앙 표현에는 그렇게 예외를 인정하고 있죠. 하지만 셜리에겐 이 작은 십자가조차 빼라고 해요"

다른 크리스천 간호사인 케롤 페트리는 환자에게 기도해 주기를 원하느냐고 물었다가 정직을 당했다. 앞으로는 영국에서 기독교적 사역은 범죄행위로 간주될 수 있다.

과거의 영국은 전 세계에서 선교사를 가장 많이 파송한 나라였고 식민지였던 미국에 선교사를 파송하여 미국이 기독교 국가가 될 수 있도록 모태 역할을 하였다.

"국교가 성공회인 기독교 국가 영국이 왜 이렇게 몰락했을까?"

4. 미국의 매사추세츠

1) 5세 자녀 동성애교육 항의하다 감옥 간 아버지

2004년, 미국의 매사추세츠에서는 동성결혼법이 통과되었다. 5세 자녀가 유치원에서 동성결혼과 동성관계에 대해 교육을 받는다는 사실을 안 학부모는, 자신의 아이에게 동성애를 가르치는 것을 원치 않으며, 동성애를 가르치기 전에 미리 학부모에게 통지해 줄 것을 요구했다. 학교 측 답변은 이것은 통지해야 할 문제가 아니며, 학교 내에서 자유롭게 아이들에게 동성결혼과 동성관계에 대해서 가르칠 수 있다고 했다. 그리고 이어 학교는 항의한 학부모를 경찰에 신고했고, 경찰은 5살 아이의 아버지에게 수갑을 채워 감옥에 보냈다. 학교가 이렇게 할 수 있었던 이유는 동성애가 매사추세츠에서 합법화되었기 때문이다.

수갑이 채워져 감옥에 끌려간 남편의 상황을 전하는 조니 파커

부모의 권리와 우리 아이들의 영혼을 지키기 원한다면 동성애가 합법화되기 전에 믿음의 선한 싸움을 시작해야 한다.

2) 동정녀 마리아는 레즈비언, 노아는 방주에서 동물과 성관계, 동방박사는 에이즈 환자?

매사추세츠 공립 중고등학교에서 성경 속 창세기의 역사와 예수님의 탄생을 동성애 내용으로 바꾼 연극을 공연하였다. 중고등학생들이 함께 연기한 이 연극에서 동정녀 마리아는 스스로 레즈비언이라고 커밍아웃하였으며 노아는 방주 안에서 동물과 성관계를 가졌고, 동방박사는 에이즈 환자로 연출되었다. 동성애자들이 어떻게 성행위를 하는지 가르쳐 주는 느낌을 받을 정도로 매우 자세하게 동성애자들의 성행위를 연극 속에서 보여주고 있다고 한다.

이 공립 중·고등학교의 연극이 뉴스로 보도되면서 미국 내 수많은 기독교인들의 항의와 시위가 있었다. 또 연극이 시작되기 직전까지 12,000통이 넘는, 연극을 공연하지 말라는 항의 편지와 수많은 항의 전화가 있었지만, 학교 대표인 Scott Goldman은 연극에 아무런 문제가 없다며 연극

공연을 강행하였다. 학교가 이렇게 할 수 있었던 이유는 동성애가 매사추세츠에서 합법화되었기 때문이다.

…만일 이슬람의 코란(Koran)을 욕보이고 비방하는 연극을 학교에서 했다면 아마도 미국과 전 세계의 이슬람교도들이 한꺼번에 일어나 세계적인 큰 항의 시위를 벌였을 것입니다. 뿐만 아니라, 관계자들에겐 테러 협박과 실제 테러를 강행했을 것이고, 아마 오바마 대통령까지 나서서 그 연극을 못하도록 막았을 것입니다. 지금 미국에서 이슬람은 무섭게 성장할 뿐 아니라 정치적으로 매우 힘을 얻고 있기 때문입니다. 미국의 국회의원들은 공립학교에서 이슬람 교육을 해야만 미국의 교육이 살 수 있다고 강력히 주장하고 있는 상황이기도 합니다. (중략)

오바마 대통령의 동성결혼 지지 공식 발표를 보도하는 SBS 뉴스

www.TVNEXT.org '성경을 고쳐 쓰는 공립학교 동성애 교육' (새라 김)

동성애가 합법화 되지 않는 거룩한 선진한국

2010년 동성애차별금지법이 추진되고 있을 때 한 신학교 총장님을 만나 차별금지법에 대한 설명을 드렸다. 총장님께서는 선진국들의 추세가 동성애법 통과인데 한국이 과연 동성애법을 막을 수 있을지 걱정하셨다. 그때 총장님께 이런 말씀을 드렸다.

"선진국들에서 동성애법이 통과되어도 한국교회가 '예수 충만'하면 우리는 동성애가 합법화되지 않는 '거룩한 선진한국'을 이룰 수 있습니다. 전 세계에 빛과 소금이 되는 '거룩한 나라'가 될 수 있습니다. 선진국들이 오히려 한국을 통해서 희망을 보며 다시 회복될 수 있는 기회를 얻게 될 것입니다."

이에 총장님께서 힘을 얻으시며 함께 힘을 모아 막아보자고 하셨다.

성경을 있는 그대로 가르칠 수 있으며 '죄를 죄'라고 말할 수 있는 신앙의 자유를 지키기 위해서 분연히 일어나야 할 때이다. 민주주의 사회는 표결로 결정된다. 의사표현을 하지 않는 사람은 카운트 되지 않는다.

교회가 침묵하면 차별금지법은 통과될 것이다. 교회가 일어나 '거룩의 빛'을 발하면 우리의 조국은 '거룩한 선진한국'으로 열방의 빛이 될 것이다.

> 남자들도 순리대로 여자 쓰기를 버리고 서로 향하여 음욕이 불 일듯하매 남자가 남자와 더불어 부끄러운 일을 행하여…이같은 일을 행하는 자는 사형에 해당한다고 하나님께서 정하심을 알고도 자기들만 행할 뿐 아니라 또한 그런 일을 행하는 자들을 옳다 하느니라 (롬 1:27,32)

16

다시는 죄를 범하지 말라 (요 8:11)

2013년 6월호

예수께서 이르시되 나도 너를 정죄하지 아니하노니
가서 다시는 죄를 범하지 말라 하시니라

(요 8:11)

다시는 죄를 범하지 말라 (요 8:11)

2013년 6월호

우리는 동성애자를 혐오하지 않습니다

예수께 말하되 선생이여 이 여자가 간음하다가 현장에서 잡혔나이다 모세는 율법에 이러한 여자를 돌로 치라 명하였거니와 선생은 어떻게 말하겠나이까…
이르시되 너희 중에 죄 없는 자가 먼저 돌로 치라 하시고…
그들이 이 말씀을 듣고 양심에 가책을 느껴 어른으로 시작하여 젊은이까지 하나씩 하나씩 나가고 오직 예수와 그 가운데 섰는 여자만 남았더라…
예수께서 이르시되 나도 너를 정죄하지 아니하노니 가서 다시는 죄를 범하지 말라 하시니라 (요 8:4-11)

간음 현장에서 붙잡혀 끌려온 여인은 군중들에게 돌 맞아 죽어야 하는 위기 속에 있었다. 이때, 주님은 돌을 든 무리들을 향해 "너희 중에 죄 없는 자가 먼저 돌로 치라"고 말씀하셨고 양심에 찔림을 받은 사람들은 한 명씩 돌을 내려놓고 그 자리를 떠났다. 주님은 이렇게 간음한 여인을 구하셨다. 그런데 주님의 사랑은 여기서 끝나지 않았다. 그 여인을 보내시면서 "다시는 죄를 범하지 말라" 말씀하셨다. 주님은 간음한 여인은 불쌍히 여겨 구출하셨지만 간음죄를 받아들이지는 않으셨다. 그래서 그 여인을 보내시면서 죄를 지적하셨고 다시는 죄를 짓지 말라고 명하셨다.

성경은 이 본문을 통해 죄인과 죄에 대한 주님의 마음을 나타내고 있다. 주님은 죄인을 긍휼히 여기셨지만 죄는 용납하지 않으셨고 죄에서 떠날 것을 명령하셨다.

예수님을 본받는 크리스천들은 마땅히 동성애자들을 혐오하지 않고 긍휼히 여겨야 한다. 그러나 성경에 죄라고 명시된 동성애를 용납하는 것은 주님의 방법이 아니다. 참된 사랑은 동성애자들이 치료되고 회복되어 동성애의 죄에서 온전히 떠나도록 힘을 다해 섬기는 것이다.

그들이 동성애에서 떠날 수 있도록…

수년 전에 미국에서 동성애자 치유컨퍼런스에 참석했던 적이 있다. 주관단체는 치유되고 회복된 동성애자들이 만든 선교단체였고 대부분의 강사들은 동성애자였다가 그리스도 안에서 온전히 치유된 사역자들이었다. 그들의 간증과 동성애 치유에 대한 강의들은 매우 실제적이면서 구체적이었다. 이 컨퍼런스는 참석했던 동성애자들을 멘토링 할 수 있는 소그룹으로 나누어 약 8개월 정도의 개인 교제와 소그룹 교제를 가지며 지속적으로 치료하는 과정을 포함한다. 8개월 이후에도 계속되는 치유와 훈련프로그램이 있다.

컨퍼런스에 참석하여 동성애자였던 많은 강사들의 간증과 강의를 들으면서 동성애 치유를 위해서는 상당한 기간과 노력이 필요하다는 것을 알게 되었다. 물론 개인차가 있겠지만 동성애자 한 사람이 온전히 치유

동성애로부터 치유 받고 십자가의 은혜를 찬양하는 「약할 때 강함 되시네」의 작곡자 데니스 제니건

되기 위해서는 많은 성도들의 기도와 노력과 구체적인 섬김, 그리고 이를 위한 재정후원이 요청됨을 알았다.

21세기 거의 모든 선진국에서 벌어지고 있는 '동성애와의 영적 전쟁'을 감당하기 위해 한국교회는 그동안 무엇을 준비했는가?

동성애와의 영적 전쟁이 갈수록 광범위해지며 치열해지고 있다. 동성애자들을 긍휼히 여기며 그들이 동성애의 죄에서 돌이킬 수 있도록 한국교회가 깨어 기도하며 희생적인 사랑을 아끼지 않을 때 이 전쟁에서 이길 수 있다. 이제는 차별금지법을 막기 위하여만 온 힘을 쏟을 것이 아니고, 장기화되고 있는 이 영적 전쟁을 대처할 수 있어야 한다. 교회들이 개(個)교회주의를 극복하지 못한 채 동성애를 막아서기 위하여 공동으로 노력하지 않는다면 동성애로 인하여 무너졌던 서구교회의 이야기는 곧 우리의 이야기가 될 것이다. 당장은 자기교회의 이익이 아닌 것처럼 보일지라도, 우리 모두가 함께 거룩한 사회를 만들기 위해서 반드시 필요한 일이 동성애를 공동으로 대처하는 일이다.

늦었지만 이제라도 한국교회의 리더십은 동성애를 대처하는 중장기 계획을 수립해야 한다. 이 일을 위해 필요한 모든 비용도 산출해야 한다. 그리고 이 모든 비용과 노력을 기꺼이 감당하려고 하는 결단과 헌신이 요청된다. 이제는 동성애와 치유프로그램을 연구할 연구진들을 세워야 한다. 동성애 관련 각종 법적 문제들을 다룰 기독 법조인 그룹도 구성해야 한다. 또 언론과 국민 홍보를 담당할 전문가들도 양성되어야 한다. 무엇보다도 동성애가 합법화 되지 않는 '거룩한 선진한국'이 될 수 있도록 한국교회의 연합기도운동이 강력하게 일어나야 한다. 이 모든 일을 이루기 위해서는 한국교회와 모든 성도들이 인력과 재정을 과감하게 투입해야 할 것이다.

'죄와의 전쟁'에서 지면 교회는 몰락할 수밖에 없다. '동성애와의 영적 전쟁'에서 패하면 한국교회는 서구교회의 몰락을 재현하게 될 것이다.

동성애법 통과 후 무너지는 서구 사회…

동성애법 통과된 캐나다 토론토 교육청 성교육

1학년(6세) : 사람의 성기에 대해
3학년(8세) : 동성애와 성별정체성에 대해
6학년(11세) : 자위행위의 즐거움
7학년(12세) : 이성간 성행위 및 항문성교 교육
출처: 중앙일보(토론토) 2012-11-26 http://go9.co/mCg

샌디에고 한인타운에서 공립학교의 동성애 의무교육 SB48 법안에 반대하여 벌인 거리 서명운동 (사진출처 =HANIN NTEWS)

전 세계에서 14개국, 그리고 미국 내 12개 주에서 동성애 법이 통과되었다. 동성애법이 통과된 매사추세츠 주에서는 중·고등학교 성교육시간에 동성간 성행위(항문성교)를 가르쳐서 한국교포 학부모들을 경악케 하였다. 또 공립 중·고등학교의 연극에서는 '동정녀 마리아는 레즈비언, 노아는 방주에서 동물과 성행위, 동방박사는 에이즈 환자'로 연출되었다. 5세 아들이 유치원에서 동성애 관련 성교육을 받는 것을 보고 이를 거부한 아버지는 학교 측의 고발로 인해 경찰에 의해 양손에 수갑이 채워지고 감옥에 보내졌다.

2013년 4월 17일 뉴질랜드에서는 동성애 결혼법이 국회 3차 표결에서 77:44로 통과됐다. 기독교계에서는 교회와 성직자들이 동성애 관련 처벌 대상에서 제외되도록 아래와 같은 예외조항을 국회에 요청했다.

1. 교리적인 이유로 교회가 동성애자들의 결혼식장으로 사용되는 것을 거부할 경우

2. 교리적인 이유로 성직자가 동성애자들의 결혼식 주례를 거부할 경우

그러나 이 같은 요청은 국회에서 88:22로 부결되었다.
(수많은 선진국 사례에 대해서는 「월간지저스아미」 2013년 5월호 발간사에서 다루었음.
http://www.pray24.net/board/11239)

2012년 한 경찰 수사관이 내게 전화를 걸어서 자문을 구했다. 내용은 동성애자들이 서울에 있는 A교회에서 결혼식을 하기 위하여 신청하였는데 교회가 거절하므로 경찰에 신고했다는 것이다. 이런 경우 교회가 '동성애자 차별'을 이유로 처벌을 받을 수 있는 법적 근거가 있는지 물었다. 그 때 나는 "한국은 차별금지법이 통과되지 않았기 때문에 처벌할 수 없다"고 설명했다.

교회와 조국을 지키기 위해 빛과 소금이 된다는 것은…

민주주의 사회는 표결에 의해서 결정된다. 침묵하는 다수는 인정받지 못하며, 오히려 소리치는 소수가 여론을 몰아간다. 당장 내게 손해가 없다고 해서 방관만 하다가 한국에서 동성애법이 통과가 된다면, 교회만이 아닌 국가적인 재난이 될 것이다. 동성애법 위반으로 여러 목사님들이 감옥에 끌려가고, 우리 자녀들이 학교에서 동성애를 배울 때 수많은 목회자, 성도, 교육자, 학부모들이 땅이 꺼져라 한숨을 쉬며 원통해하고 가슴을 쳐도 '이미 엎질러진 물'이 되고 말 것이다.

동성애 합법화로 몰아가는 세력들에 대항하여 우리가 용감하게 목소리를 높여야 한다. 항의 전화와 글들을 통하여 분명한 의사표현을 할 때, 우리의 행동하는 기도는 음란과 동성애를 무너뜨리는 성결의 빛이 되어 동성애 입법을 막고 우리 조국을 거룩한 나라로 세울 것이다!

교회와 조국을 지키기 위해 빛과 소금이 된다는 것은, 대가를 치를지라도 성경적 가치를 입으로 말하고 글로 표현하는 것이다

■ 동성애는 AIDS를 확산시킵니다.
· AIDS로 인한 사망자 전 세계 매해 약 210만 명
· 2001년 이후 AIDS에 감염된 10대 남자 청소년 54%가 동성애에 의한 감염 (복지위 이기우 의원 국정감사 자료)
· 게이들의 평균 수명은 일반인보다 25~30년이 더 짧고 청소년 게이 자살률 4배, 암 발병율 2배
· 한국의 출산율 세계 최하위. 부부 2명당 1.2명, 동성결혼이 만연하면 출산율은 더욱 떨어짐(노동력 감소로 국가경제 몰락)
· 동성애자 커플들이 입양하여 기른 아이들 가운데 55%가 동성애자가 됨.
· 백인 남성 동성애자 약 50%가 500여 명의 성 파트너, 28%가 1000명 이상의 성 파트너를 가짐. 이들 대부분은 서로 모르는 사람들과 무작위로 성관계를 맺음.

홍석천, '중고등학교 시절 남자 선배들 300명 이상과 관계' 충격 고백 (동아일보 인터뷰, 2007년 5월 18일 기사)
…학창시절 성욕 해결에 대한 답은 충격적이었다. "중·고등학교 때 관계를 가진 남자 선배들이 300명은 넘을 것"이라고 말한 것이다. 앞서 밝힌 '초등학교 4학년 때 첫 경험'도 놀라운 상황에서 이를 뒤엎을 발언이었다…

■ 동성애는 결코 유전이 아닙니다. (www.anticlone.kr)
설문에 의하며 14~16세의 청소년기에 큰 도시에서 자랐을 경우 동

성애 빈도가 높고 시골에서 자랐을 경우 동성애 빈도가 낮습니다. 이처럼 동성애는 자란 환경의 영향을 받습니다. 정상적인 사람도 동성애 분위기에 휩싸이면 동성애를 배우게 됩니다.

※ 우리 자녀들과 국가의 장래를 위해 여러분의 후원이 절실히 요청됩니다.
- 후원계좌: 국민은행 373701-04-****** ○○○(차별금지법반대범국민연대)

극동방송 이용희 교수 1분기도

동성애 논란에 있어서 가장 큰 이슈는 과연 동성애가 선천적인가 하는 것입니다.

동성애를 옹호하는 사람들은 동성애자들이 태어날 때부터 동성애 DNA를 가지고 태어났기 때문에 본인의 의지나 감정에 상관없이 운명적으로 동성애에 빠질 수밖에 없다고 말합니다. 하지만 동성애가 선천적이 아니라는 사실이 연구로 밝혀졌습니다.

1993년 동성애자였던 미국의 해머 박사는 동성애 유전자를 발견했다고 발표했고, 언론들은 앞다퉈서 동성애 유전자를 발견했다고 대서특필했습니다.

그러나 1999년 캐나다의 라이스 박사 연구팀은 해머 박사보다 더 많은 동성애자들을 대상으로 유전자를 분석했고 더 많은 동성애자들의 가계를 대상으로 조사한 결과 동성애와 유전자는 아무런 상관관계가 없는 것으로 밝혀졌습니다.

하지만 동성애가 선천적이 아니라는 연구 결과는 언론에 크게 부각되지 못했고 여전히 많은 사람들이 동성애가 유전적이라고 믿고 있습니다.

전 세계적인 친 동성애 흐름을 타고 우리나라에서도 차별금지법과 같은 동성애 합법화 입법 시도가 계속되고 있고 더욱 거세지고 있습니다. 친 동성애적 흐름 앞에서 한국교회는 심각한 문제의식과 경각심을 가지고 동성애를 합법화하는 차별금지법이 국회에서 통과되지 않도록 모든 노력을 기울여야 합니다.

동성애 죄악과 차별금지법을 막아서고 더 나아가 거룩의 능력으로 세상의 빛과 소금 된 역할을 해야 합니다. 그렇지 않으면 순식간에 동성애의 죄악이 한국교회를 무너뜨리고 우리 자녀들과 조국의 앞날을 위협하게 될 것입니다.

기독교 폄하방송 MBC,
동성애 옹호 및 차별금지법 적극 지지!

동성애법이 통과된 캐나다에서는 6세부터 동성애를 정상으로 성교육을 하며 12세에는 항문성교를 가르치고 있습니다.

MBC의 연속된 동성애 옹호, 차별금지법 적극 지지 뉴스보도에 이어 시사매거진 2580에서는 '기독교 혐오방송'이라고 불릴 정도로 심각하게 기독교를 비하하며 완전 수구꼴통으로 몰아가는 의도적 편집 방송을 내보냈습니다.

방송에 나오는 S목사님의 동성애 관련 설교는 객관적인 학술자료 등을 포함한, 여러 면에서 훌륭한 설교였음에도 불구하고 딱 한 번 언급한 "구약성경에서는 동성애자를 돌로 쳐 죽이라고 되어있습니다"라는 내용만 편집해서 내보내므로 차별금지법을 반대하는 기독교인들이 마치 동성애자를 돌로 쳐 죽여야 한다고 생각하는 것처럼 왜곡 보도했습니다.

우리는 결코 동성애자를 혐오하지 않습니다. 다만 신앙과 표현의 자유를 억압하고(위반 시 2년 이하의 징역) 우리 자녀들과 국가의 장래를 심각하게 위협하는 차별금지법은 반대합니다.

선량한 국민 대다수를 무시하며 역차별하고 기독교를 왜곡·비하하며 동성애 옹호, 차별금지법 적극 지지하는 MBC '불시청 운동'을 시작합니다!

민주주의 사회는 표결에 의해서 결정됩니다. 침묵하는 다수는 인정받지 못하며 오히려 소리치는 소수가 여론을 몰아갑니다.

빛과 소금이 된다는 것은, 대가를 치를지라도 성경적 가치를 입으로 말하고 글로 표현하는 것입니다.

▶MBC 항의 전화/글 남기기
☎ 시사매거진 제작진(심원택 팀장, 김연국 기자, 이보람 작가) 02.789.2580
☎ 시청자 상담실 02.780.0015
☎ 사장 비서실 02.789.2003
MBC뉴스 시청자 의견
시사매거진 시청자의견

17

그리스도 예수의 좋은 병사

2013년 7월호

너는 그리스도 예수의 좋은 병사로
나와 함께 고난을 받으라
병사로 복무하는 자는
자기 생활에 얽매이는 자가 하나도 없나니
이는 병사로 모집한 자를 기쁘게 하려 함이라

(딤후 2:3)

그리스도 예수의 좋은 병사

2013년 7월호

한국교회의 위기

쾌락 사랑하기를 하나님 사랑하기보다 더하며 갈수록 음란해지고 패역해지는 시대이다. 최근 '뫼비우스'(김기덕 감독)라는 영화에서는 어머니와 아들 간의 성 행위와 성기를 절단하는 장면이 나와서 큰 충격을 주었다.

북한에서는 남한이 적화되지 않는 이유가 교회 때문이라고 보고, 교회를 무너뜨리는 적화통일전략을 세웠다.

> 1) 교인 수 1/10로 줄이기
> 2) 10대 대형교회 무너뜨리기

최근 언론들이 대형 교회 목회자들의 문제들을 드러내며 반기독교적인 정서로 이 사회를 몰아가고 있다. 반면에 불교와 천주교의 비리들에 대해서는 법적으로 고발된 사건들조차 언론에서 거의 다루지 않고 있다.

"최근 불교와 천주교의 비리를 다룬 방송과 기사를 본적이 있습니까?"
(작년 승려들의 억대 도박 사건은 언론사가 취재한 것이 아니라 관련된 승려가 상대방을 공격하기 위하여 직접 언론에 제보한 것임)

이러한 상황 속에서 젊은이들은 교회를 떠나갔고, 대학생들의 교회 출석률은 4%대가 되었다.

마지막 지점

너희는 옷을 찢지 말고 마음을 찢고 너희 하나님 여호와께로 돌아올 지어다 (욜 2:13)

한국 교회는 하나님께로 돌이켜야 할 마지막 지점에 이르렀다! 이제 한국교회는 유(U)턴 해야 한다. 이때 우리가 마음을 찢고 회개하므로 변화되는 진정한 영적 부흥이 일어나지 않는다면, 가속화되는 도덕적 타락과 함께 동성애 차별금지법은 시대적 조류를 이기지 못하고 통과되고 말 것이다. 그러면 '동성애는 죄'라고 설교하는 목회자들은 감옥에 가게 되고 교회는 몰락하게 될 것이다. 북한의 전략대로 교회가 무너지고 교인 수가 1/10로 줄어든다면 남한은 적화통일 될 수 있다. 그리고 한국교회와 우리 자녀 세대의 앞날은 기대할 수 없다. 주님은 조국과 한국교회를 위해 울며 회개하고 성 무너진 데를 막아서서 하나님으로 하여금 멸하시지 못하게 할 자를 찾으신다.

> 이 땅을 위하여 성을 쌓으며 성 무너진 데를 막아서서 나로 하여금 멸하지 못하게 할 사람을 내가 그 가운데에서 찾다가 찾지 못하였으므로 내가 내 분노를 그들 위에 쏟으며 내 진노의 불로 멸하여 그들

행위대로 그들 머리에 보응하였느니라 주 여호와의 말씀이니라 (겔 22:30-31)

그리스도 예수의 좋은 병사

지저스아미 성회 사진들

2013년 2월 23일 9차 지저스아미/북한구원금식성회를 마치고 주님께서 주신 큰 은혜에 감사하며 기도할 때, 주님께서는 10차 지저스아미(7/2-6)에 대한 소망과 비전을 주셨다. 그것은 이번 10차 성회에 수많은 젊은이들이 와서 죄와 세상과 마귀를 이기는 거룩한 세대로, 북한구원 예수군대로 세워지는 것이다.

교회를 떠났던 많은 젊은이들이 '그리스도 예수의 좋은 병사'로 새롭게 세워지도록 우리는 청년 세대들을 축복하며 기도해야 한다. 민족을 살렸던 엘리야와 다니엘, 존 낙스 같은 기도자들이 세워지도록, 또 북한/이슬

지저스아미 성회

람권/이스라엘과 인터넷을 제자 삼는 선교사들이 세워지도록 국가기도자들과 스탭들과 선교사들이 '10차 지저스아미를 위한 40일 철야기도'를 하고 있다. 10차 지저스아미는 주님께서 청년 세대들과 함께 우리 모두에게 성령의 권능을 부어주시고 '그리스도 예수의 좋은 병사'로 세우는 특별한 성회가 될 것이다.

우리의 군대 장관이신 예수님께서 소집 명령을 선포하신다.

> **너는 그리스도 예수의 좋은 병사로 나와 함께 고난을 받으라**
> 병사로 복무하는 자는 자기 생활에 얽매이는 자가 하나도 없나니 이는 병사로 모집한 자를 기쁘게 하려 함이라 (딤후 2:3)

> …내가 누구를 보내며 누가 우리를 위하여 갈고
> 그때에 내가 가로되 내가 여기 있나이다 나를 보내소서 (사 6:8)

18

하루 네 번 북한을 위해
기도하는 어린이들

2013년 8월호

주의 대적으로 말미암아
어린 아이들과 젖먹이들의 입으로 권능을 세우심이여
이는 원수들과 보복자들을
잠잠하게 하려 하심이니이다

(시 8:2)

하루 네 번 북한을 위해 기도하는 어린이들

2013년 8월호

다윗이 사울에게 말하되 주의 종이 아버지의 양을 지킬 때에 사자나 곰이 와서 양 떼에서 새끼를 물어가면 내가 따라가서 그것을 치고 그 입에서 새끼를 건져내었고 그것이 일어나 나를 해하고자 하면 내가 그 수염을 잡고 그것을 쳐죽였나이다 (삼상 17:34-35)

소년 다윗은 미성년자라 이스라엘 군인은 될 수 없었지만 적장이었던 거인 골리앗을 물맷돌로 한방에 쓰러뜨렸다. 어린 다윗은 아버지의 양

북한을 위해 식사 때와 자기 전, 하루 네 번씩 기도하기로 결단하는 어린이 지저스아미

을 치면서 하나님의 능력자로 구비되는 체험을 가졌다. 사자나 곰이 와서 양새끼를 물어 가면 쫓아가서 그들의 입에서 양새끼를 빼내었고 사자나 곰이 덤비면 그 수염을 붙잡고 사자와 곰을 쳐서 죽였다. 하나님을 사랑했던 다윗에게는 사자와 곰뿐만이 아니라 하나님을 모독하는 골리앗도 쳐 죽일 수 있는 능력이 있었다. 하나님께서는 다윗을 보고 내 마음에 합한 자라 저를 통하여 내 뜻을 다 이루겠다고 기뻐하셨다.

이러한 소년 다윗들이 오늘날 세워질 수 있도록 우리의 자녀세대들을 축복하는 마음으로 어린이 지저스아미와 청소년 지저스아미를 시작했다.

지난 7월 23일~26일까지 동신기도원에서 있었던 어린이 지저스아미 수련회에서 '북한구원'에 대해 말씀을 전해야 했다. 초등학생들에게 말씀을 전하는 것이 나에게는 부담이 되었지만 어린아이들에게 북한동포들의 어려운 실상을 설명해나갔다. 또 복음 듣지 못하고 죽어가는 북한동포들을 위하여 하루에 세 번 식사 기도할 때마다, 그리고 잠자기 전에

순결서약서를 들고 있는 새소망월드비전교회 어린이들

한 번 더, 하루에 네 번씩 기도하자고 제안했다. 말씀을 들었던 거의 모든 아이들이 북한동포들이 자유롭게 예수 믿는 날이 올 때까지 하루에 네 번 기도할 것을 결단했다. 더 놀라운 것은 북한동포들을 살리기 위하여 통일선교사로 헌신할 어린이들은 강단 위로 올라오라고 하는 콜링(calling)을 했을 때 수많은 아이들이 걸어 올라왔다. 더 이상 강단에 서 있을 수 없을 정도로 많은 아이들이 강단 위로 올라와서 나는 강단 아래로 밀려 내려갔다.

저녁 집회를 앞두고 통일선교사 초청에 대한 마음의 감동이 있었을 때 '과연 이 일이 어린아이들에게 가능한 일인가?' 고민했다. 많은 부담이 있었지만 순종하는 마음으로 말씀을 나누고 통일선교사로 콜링 했을 때 상상도 못했던 일이 일어났다. 나는 여태껏 초등학생들이 선교사로 이렇게 많이, 그리고 진지하게 헌신하는 모습을 본 적이 없었다. 하나님께서 '북한구원 통일한국'을 이룰 거룩한 통일세대를 일으키시는 것을 목도하였다.

아래의 글은 이번 어린이 지저스아미에 참석했던 한 학생의 간증이다.

> 2013' 여름 어린이 JESUS ARMY에서 김에스더 선교사님의 말씀이 마음에 와 닿았습니다.
>
> 예수님을 믿고 성경책을 읽었다는 이유로, 기도를 하였다는 이유로, 찬양을 하였다는 이유로, 주님의 사람들이 정치범수용소에 끌려가고, 또 우리가 아침, 점심, 저녁을 먹고 있을 때 그들은 토끼풀을 찾아 헤매고, 우리가 밥을 남길 때 그들은 굶어서 영양실조로

죽어나가고 있다는 것입니다. 저는 이 말을 듣고 너무 슬퍼서 눈물이 났습니다.

주님에 대해서 모르고, 김일성·김정일의 동상과 초상화에 절을 하고, 그로 인하여 황폐하여진 토지에서는 식물이 자라지 못하여 오늘도 북한의 사람들은 하루종일 배가 고파도 잘 먹을 수가 없습니다.

저는 이러한 내용에 대하여 주님께 북한을 구원하여 달라고, 우상숭배의 죄에서부터 돌이켜 회개하게 해달라고 그렇게 기도하였더니 왜 이렇게 눈물이 나는지 모르겠습니다. 그리고 기도할 때 김일성·김정일의 동상이 불타는 모습을 보았습니다. 하루 빨리 그렇게 되어 평화적으로 통일을 하고, 통일을 하면 제일 먼저 예수님을 전하고, 배가 터지도록 밥을 먹이고, 보고 싶던 가족들을 만나게 해주고, 그렇게 사람들이 행복해하는 모습을 보고 싶습니다.

주님, 이 시간에도 이불 속에서 기도하고, 몰래 숨어서 성경책을 읽고 찬송을 부르는 북한의 성도들을 기억하여 주시옵소서. 그리고 감사합니다. 북한에 대해 알게 해주시고, 기도할 수 있게 해주셔서 너무 너무 감사합니다.

— 2013 어린이 지저스아미에 참석한 김혜연 양의 간증글

19

십년클럽

2013년 9월호

여호와께서 시온의 포로를 돌려 보내실 때에
우리는 꿈꾸는 것 같았도다
그 때에 우리 입에는 웃음이 가득하고
우리 혀에는 찬양이 찼었도다
그 때에 뭇 나라 가운데에서 말하기를
여호와께서 그들을 위하여 큰 일을 행하셨다 하였도다
여호와께서 우리를 위하여 큰 일을 행하셨으니
우리는 기쁘도다
여호와여 우리의 포로를 남방 시내들 같이 돌려 보내소서
눈물을 흘리며 씨를 뿌리는 자는 기쁨으로 거두리로다
울며 씨를 뿌리러 나가는 자는
반드시 기쁨으로 그 곡식 단을 가지고 돌아오리로다

(시 126편)

십년클럽

2013년 9월호

십 년을 목을 걸자

지난 7월 2일 10차 지저스아미 컨퍼런스가 시작되던 첫 날, 이규 목사님의 설교 말씀을 잊을 수 없다. 이규 목사님은 고등학교 시절 운동권 학생이었는데, 목사님께서 다녔던 고등학교의 운동권 선생님이 목사님을 지명하여 '청소년 운동권 수련회'에 데려가셨다. 그 수련회에서 김일성주체사상을 신봉하는 한 강사님이 모든 참석자들에게 이 세상을 뒤집기 위해서 "십 년을 목을 걸자"고 선포했다고 한다.

그때 많은 젊은이들이 십 년 동안 목을 걸고 생명을 드려 투쟁하며 이 나라를 뒤집기 위해 사생결단하기로 서약했다. 십 년이 지난 후에 이규 목사님께서는 깜짝 놀라셨다고 한다. 그때 그들이 지명했던 사람을 마침내 대통령으로 만들어 내었기 때문이다. 일단의 무리들이 "십 년을 목을 걸자"고 결단하고 자신의 생애를 투신했을 때, 이들은 전 국민의 인구수에 비하면 아주 미미한 소수임에도 불구하고 국가의 큰 방향을 바꾸어 내고야 말았다.

인류의 역사는 다수에 의해서 진행되는 것이 아니라 헌신된 소수에 의해서 이끌려져 왔다. 국가와 민족의 흥망성쇠도 헌신된 소수가 올바른 방향으로 가는가, 잘못된 방향으로 가는가에 따라 크게 좌우된다. 지금,

"우리의 조국 대한민국을 어떤 사람들이 이끌어 가고 있는가?"
"과연 올바른 방향으로 나아가고 있는가?"

남북한 청년 휴전선 통일대장정

십 년을 목을 걸자는 말이 계속 내 마음에 남아서 운동하고 있었다. 지난 7월 22~26일까지 남북한 청년들의 휴전선 통일대장정이 있었다. 이들은 서울역 통일광장기도회에서 출정식을 가진 후 휴전선의 동쪽 끝인 강원도 고성으로 가서 서쪽 끝 임진각까지 5박 6일 동안 휴전선을 따라 통일을 염원하며 기도대행진을 가졌다.

탈북민 청년들과 남한 청년들은 휴전선을 따라 행군하며 6.25 전쟁 유적지를 돌아보고 6.25의 역사를 되새기며 다시는 전쟁이 없는, 평화통일이 되도록 기도했다. 그리고 북한 땅을 바라보며 고통 속에 죽어가는 북한 동포들의 생명과 자유와 인권을 위해 기도했다. 무엇보다도 복음 듣지 못

휴전선 동쪽 끝 강원도 고성에서 휴전선 서쪽 끝 임진각까지 남북 청년 통일대행진

하고 죽어가는 북한 동포들에게 자유롭게 복음이 증거됨으로 더 이상 김일성, 김정일 동상과 초상화에 절하지 않고 성삼위 하나님께만 예배할 수 있도록 마음을 모두어 기도했다.

남북한 청년, 태극기 앞세우고 휴전선 통일대행진!

24일 오후, 6.25 전쟁 유적지인 강원도 철원 백마고지를 돌아보고 밤에는 휴전선 통일대장정 중인 남북한 청년들에게 말씀을 전했다. 이때 "십년을 목을 걸자"는 이규 목사님의 간증을 나누고 이어서 청년들에게 도전했다.

"잘못된 신념을 위해서도 '십 년의 생명'을 바쳐 이 나라를 뒤집는 젊은이들이 있었습니다."
"예수 그리스도를 통한 북한구원을 위해 '십 년의 생명'을 드려 헌신할 사람들은 강단 위로 올라오십시오."

249

이때 15명의 청년들이 강단 위로 올라와 무릎을 꿇고 기도하며 복음 통일을 위해 '십 년의 생명'을 드리기로 헌신했다. 이렇게 해서 10년 헌신자들의 모임인 '십년클럽'이 시작되었다.

십년클럽

헌신한 후에도 헌신을 잊어버리는 사람들이 있다. 또 어떤 이들은 헌신을 이루지 못하기도 한다. 우리가 성령의 감동을 받고 헌신했다면 성령 안에서 이 헌신을 이루어 갈 수 있도록 최선의 노력과 함께 쉬지 않는 기도로 주님의 은혜와 도우심을 구해야 한다. 십년클럽은 10년의 비전과 구체적인 계획들을 서로 나누고 함께 기도하며 십 년 헌신을 이루어가는 동지적인 모임으로 세워져갈 것이다.

10년의 헌신은 이들 젊은이들만으로 국한되지는 않을 것이다. 전국적으로 또 해외에서도 그리고 모든 세대 가운데서 주님이 일으키실 것이다. 우리는 북한구원을 위한 '십 년 동지'들이 되어 서로 격려하고 축복하며 힘을 모아 주님의 은혜로 통일한국을 이루어낼 것이다. 주님께서 어떻게 헌신자 각각과 십년클럽을 인도해 가실지 큰 기대가 된다.

이스라엘 민족이 바벨론 제국에 포로로 끌려간 지 70년, 그 복역의 때가 끝나도록 예루살렘을 향하여 창문을 열어 놓고 하루에 3번씩 무릎을 꿇고 기도했던 다니엘의 기도가 한국교회 성도들의 기도가 되어야 한다. 분단 68년, 그동안 복음을 들을 기회조차 없이 죽어간 북한 동포들의 숫자는 2천만 명이 훨씬 넘었다. 이제 남한의 성도들과 해외 교포 성도들은 북한 동포들이 흉악의 결박과 멍에의 줄과 압제로부터 자유케 되도록 금식하며 기도해야 한다.

> 내가 기뻐하는 금식은 흉악의 결박을 풀어 주며 멍에의 줄을 끌러 주며 압제 당하는 자를 자유하게 하며 모든 멍에를 꺾는 것이 아니겠느냐 (사 58:6)

십년클럽은 북한 동포들이 결박과 멍에와 압제로부터 자유케 됨으로 예수님을 영접하고 구원 받을 뿐 아니라 방방곡곡 전도하고 땅끝까지 선교하는 백성이 되도록 '십 년의 생명'을 기꺼이 드리는 헌신자들의 모임이다. 주님께서 이들의 헌신과 생명을 받으시고 북한 동포들의 복역의 때를 끝내고 자유케 하시는 그날, 시편 126편의 노래는 우리의 찬송과 감사가 될 것이다.

> 여호와께서 시온의 포로를 돌려 보내실 때에 우리는 꿈꾸는 것 같았도다
> 그 때에 우리 입에는 웃음이 가득하고 우리 혀에는 찬양이 찼었도다
> 그 때에 뭇 나라 가운데에서 말하기를 여호와께서 그들을 위하여 큰 일을 행하셨다 하였도다
> 여호와께서 우리를 위하여 큰 일을 행하셨으니 우리는 기쁘도다
> 여호와여 우리의 포로를 남방 시내들 같이 돌려 보내소서
> 눈물을 흘리며 씨를 뿌리는 자는 기쁨으로 거두리로다
> 울며 씨를 뿌리러 나가는 자는 반드시 기쁨으로 그 곡식 단을 가지고 돌아오리로다 (시 126)

극동방송 이용희 교수 1분 기도

북한구원

너는 사망으로 끌려가는 자를 건져 주며 살육을 당하게 된 자를 구원하지 아니하려고 하지 말라 (잠 24:11)

굶어 죽지 않으려고 목숨을 걸고 압록강과 두만강을 넘어 중국으로 도망친 탈북자들을 긍휼히 여겨 주시옵소서. 중국에서도 인신매매범에 팔려 다니며 고통과 공포 속에 지내다가 중국 공안들에게 붙잡혀서 북한에 강제압송을 눈앞에 두고 있는 탈북민들을 지켜주시옵소서.

강제 북송되면 북한 땅에서 탈북자들에 대한 고문과 강제노동과 처형 등 각종 인권유린이 진행되고 있습니다. 주님께서 이들의 생명과 자유와 인권을 보호해 주시옵소서.

북한주민 모두가 이제는 굶주림과 3대 세습 독재로부터 놓임을 받아 자유롭게 예수 믿을 수 있는 날이 속히 오게 하여 주시옵소서. 북한 동포들과 탈북민들의 인권과 신앙의 자유를 위하여 이번 국회에서는 북한인권법이 제정되어질 수 있도록 은혜를 내려 주시옵소서.

영국에서 노예제도를 폐지시켰던 크리스천 국회의원 윌리엄 윌버포스처럼, 한국에서도 크리스천 국회의원들이 함께 기도하며 당리당략을 떠나 양심과 정의를 따라 북한 동포들을 살리는 정의로운 법들을 제정하게 하여 주시옵소서.

국제적으로도 중국에 있는 탈북민들이 유엔난민으로 인정받아 강제 북송되지 아니하고, 안전하게 남한으로 보내지게 해 주시옵소서.

이 모든 말씀 북한 동포들을 사랑하시는 예수님의 이름으로 기도드렸습니다. 아멘.

20

기로에 선 조국과 한국교회

2013년 10월호

남자가 남자와 더불어 부끄러운 일을 행하여
그들의 그릇됨에 상당한 보응을
그들 자신이 받았느니라

(롬 1:27)

기로에 선 조국과 한국교회

2013년 10월호

김조광수 감독의 '동성 야외 결혼식'

지난 9월 7일 김조광수 씨는 19살 연하의 김승환 씨와 청계천 광통교에서 '동성 야외결혼식'을 했다. 이 결혼식은 작년 가을부터 계속된 기자회견을 통해 언론에 보도되어 온 기획된 결혼식이었다. 작년 기자회견 때, 김조광수 씨는 결혼식을 서울 시청광장에서 가지며 10만 명의 하객을 초청하고, 결혼 축의금을 모아 동성애자 인권센터를 짓겠다고 밝혔다. 올 봄에는 기자회견을 통해 박근혜 대통령과 반기문 유엔사무총장을 결혼식에 초청했다. 또 결혼식을 보름 앞두고는 국회 앞에서 기자회견을

9월 7일 김조광수, 김승환 씨의 동성 야외결혼식 장면

한 뒤, 국회로 들어가 국회의원들에게 결혼 청첩장을 직접 돌리며 '동성 야외결혼식'에 초청했다.

치밀한 계획 아래 수차례 기자회견을 했고, 언론의 스포트라이트를 받기 위해 계속 정치권 인사들과 연예인들을 동성결혼식에 연루시키며 각종 언론에 어필했다. 그 결과 많은 인터넷 뉴스들이 '동성 야외결혼식'을 앞다투어 다루었고, 급기야는 결혼식 현장이 당일 저녁 9시 KBS 뉴스로도 보도되었다.

또 이들은 동성결혼식 홍보영상을 만들어서 인터넷과 SNS를 통해서 널리 유포시켰는데, 이 동영상에는 교회에서 나온 청년들과 성경책을 손에 든 자매도 함께 김조광수와 김승환 씨의 무리에 동참하는 장면이 포함되어 있다. 그리고 김조광수 감독은 결혼식장 기자 인터뷰에서 본인도 기독교인이라고 밝혔다.

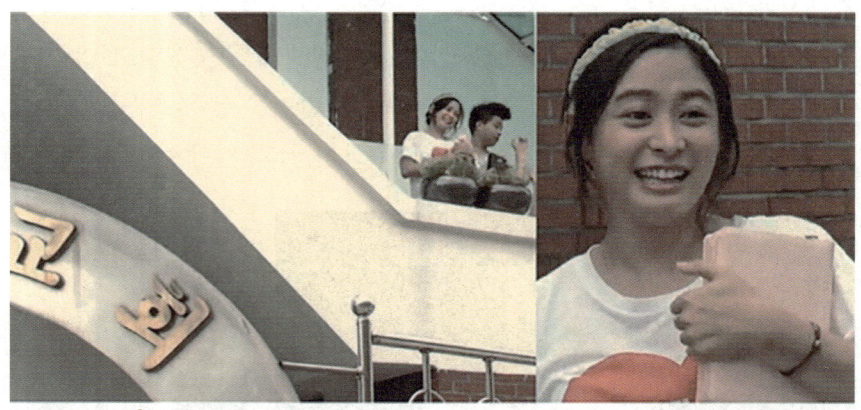

김조광수, 김승환 동성결혼식 홍보영상, 교회 청년들과 성경을 든 자매가 이 무리에 동참하는 장면이 나온다.

서구사회의 동성애 현황

세계적으로 14개 나라에서 동성결혼법이 통과되었다. 대부분 서구 국가들이며 네덜란드 같은 경우는 동성애만이 아닌 수간(동물과 성행위)과 근친상간도 합법화 되었다. 반면에 나이지리아는 동성결혼 처벌법이 통과되었고, 러시아도 동성애 반대법이 국회에서 단 한 명의 반대도 없이 통과되었다.

2008 캐나다 벤쿠버 게이 퍼레이드

동성애법이 통과된 미국의 매사추세츠 주의 경우, 5세 아들이 유치원에서 동성애 성교육을 받는 것을 거부한 아버지가 학교의 고발로 경찰에 체포되어 양손에 수갑이 채워진 채 감옥으로 보내졌다. 공립 중고등학교 연극에서는 '노아가 방주에서 동물과 성행위를 하고, 동방박사는 에이즈 환자, 동정녀 마리아는 레즈비언'으로 연출되었다. 또 중고등학교 성교육 시간에 동성간 성행위(항문성교)를 가르쳐서 한국교포 학부모들에게 큰 충격을 주었지만, 이미 동성애가 합법화된 후라 학부모들은 학교에 더 이상 어떠한 이의도 제기할 수 없었다.

캐나다 토론토의 경우, 교육청 성교육 프로그램에 따라 7학년(만12세) 때 '이성간 성행위 및 항문성교'를 가르친다.

> **동성애법 통과된 캐나다 토론토 교육청 성교육**
>
> 1학년(6세) : 사람의 성기에 대해
> 3학년(8세) : 동성애와 성별정체성에 대해
> 6학년(11세) : 자위행위의 즐거움
> 7학년(12세) : 이성간 성행위 및 항문성교 교육
> 출처: 중앙일보(토론토) 2012-11-26 http://go9.co/mCg

영국 런던에서는 '동성애는 죄'라고 설교하던 전도자 토니 미아노 씨가 '동성애 혐오 발언'이라는 죄목으로 수갑이 차인 채로 체포되어 경찰서에서 취조를 받았다. 스웨덴 아케그린 목사님은 '동성애는 죄'라고 설교했다가 한 달 감옥형을 선고 받았다.

세계 선교의 중심 국가였던 미국과 영국에서도 성경 말씀을 있는 그대로 전하면 핍박을 받는 시대가 되었다. '죄를 죄라고 하면 죄가 되는, 어둠이 빛을 삼키려 하는 시대'가 된 것이다.

동성애가 합법화 되면, 동성애 거부는 범죄 행위

KBS는 밤 9시 뉴스에 김조광수-김승환의 동성결혼식을 외국 사례와 함께 보도하였다. 공영방송인 KBS에서는 작년 12월에도 김조광수 감독의 동성애 영화 <두 번의 결혼식과 한 번의 장례식>을 심야시간에 방영했으며, 같은 달 8일에는 김조광수를 KBS 2TV에 출연시켜 동성애를 미화시

신앙을 이유로 동성결혼식에 빵 판매를 거부한, 오레곤 빵집 주인 멜리사와 아론 클레인 씨. 뒤에는 자녀들.

키는 내용을 여과 없이 내보냈다. 김-김 커플은 추석 이후 서대문구청에 혼인신고서를 제출한다고 한다. 그리고 혼인이 인정되지 않을 경우, 동성결혼을 인정하도록 헌법 개정을 요구하는 헌법소원을 헌법재판소에 제출할 계획이다.

동성결혼법이나 동성애 차별금지법이 통과되고 나면, 동성애와 동성애자들에 대해 부정적인 말을 할 경우 2년 이하의 징역과 1천만 원 이하의 벌금형에 처해질 수 있다. 동성애가 합법화 된다는 것은 동성애와 이성애가 동등하게 정상으로 취급된다는 것을 의미한다. 그래서 성교육 시간에도 이성애만 가르치면 동성애를 차별했다는 이유로 차별금지법에 의해서 처벌을 받는 것이다. 외국에서는 동성결혼식에 교회 사용을 거부했다가 벌금형을 받은 경우들이 있고, 최근 미국 워싱톤 주 꽃집 주인이 동성결혼식에 신앙을 이유로 꽃을 팔지 않아 고발당했고, 오레곤 주에서는 크리스천 빵집 주인이 동성결혼식에 빵을 팔지 않았다는 이유로 협박에 시달리다가 결국 빵집 문을 닫았다. 동성애가 정상으로 인정되면, 동성애 거부는 범죄 행위가 된다.

기로에 선 조국과 한국교회 – '죄와의 전쟁'

동성애 합법화는 성경을 하나님의 말씀으로 믿는 목회자와 성도들과 한국교회에게 치명타가 될 것이다. 안티기독교 세력들은 동성애를 죄라고 설교하는 목회자를 고발할 것이고, 의도적으로 목사들에게 동성애가 죄냐고 질문한 후 죄라고 답변하는 목사들은 고발하여 감옥에 보내려고 할 것이다. 동성애법 통과는 제2의 신사참배로 한국교회에 부각될 수 있다.

우리 모두는 동성애 문제를 더 이상 관망해서는 안 된다. 동성애 합법화를 막는 일은 죄와의 전쟁이며, 또 성경대로 죄를 죄라고 우리 자녀들에게 가르치기 위해서는 피할 수 없는 영적전쟁이다.

<동성애차별금지법 반대 범국민연대>의 집회 모습 2013. 3. 20.

이 '죄와의 전쟁'에서 승리하기 위해서는 목회자들은 '동성애는 죄'라고 담대하게 선포해야 하고, 교회마다 동성애가 합법화되지 않도록 합심하여 기도해야 한다. 민주주의 사회는 다수결에 의해서 결정된다. 침묵하는 다수는 카운트되지 않는다. 주장하는 소수가 여론을 주도한다. 그래서 교회에서는 성도들에게 대가를 치를지라도 '동성애는 죄'라고 말하고 글로

쓰고 삶에서 표현하도록 분명하게 가르쳐야 한다.

너희가 죄와 싸우되 아직 피흘리기까지는 대항하지 아니하고 (히 12:4)

동성애와의 영적전쟁이 갈수록 치열해지는 상황 속에서 한국교회가 연합하지 않으면 승리할 수 없다. 이 국가적 영적전쟁에서 승리하기 위해서는 개(個)교회주의를 초월하여 우리의 기도와 마음과 재정과 인력을 함께 모아야 한다. 한국교회는 동성애 관련 법적 문제들을 다룰 법률팀, 동성애를 학문적으로 연구하며 동성애 치유프로그램을 개발할 연구진, 국민 홍보와 언론·미디어를 담당할 전문가 등 꼭 필요한 인력들을 지체 없이 세워야 한다. 그리고 무엇보다도 연합하여 금식하며 우리의 죄악을 철저히 회개하고 이 땅의 거룩을 위하여 간절히 기도해야 할 것이다.

승리의 지혜

동성애 합법화를 막는 길은 국민적인 연합을 도출하는 데 있다. 기독교인 외에도 이 사회와 우리의 자녀들을 위하여 동성애를 막아야 한다고 생각하는 학부모들과 교육자들 등 많은 국민들이 있다. 또 천주교, 불교, 원불교, 유교, 천도교 등 많은 다른 종단에서도 동성애는 허용되면 안 된다고 염려하며 반대하는 수많은 종교인들이 있다. 일제 강점기 때 이 나라를 구하기 위하여 불교·천도교·기독교 등 종교지도자들이 함께 연합하여 3·1운동을 일으켰고 '대한독립 만세'를 만천하에 외쳤다. 이제 동성애로부터 이 나라를 지키기 위하여 모든 국민들의 연합을 이끌어 내야 한다. 현재 동성애 합법화를 힘껏 막아서고 있는 전국 어머니 모임, 학부모 모임, 전국 유권자들의 연합모임 등은 한국교계가 최선으로 연합하며 함께 힘을 모아야 될 국민단체들이다.

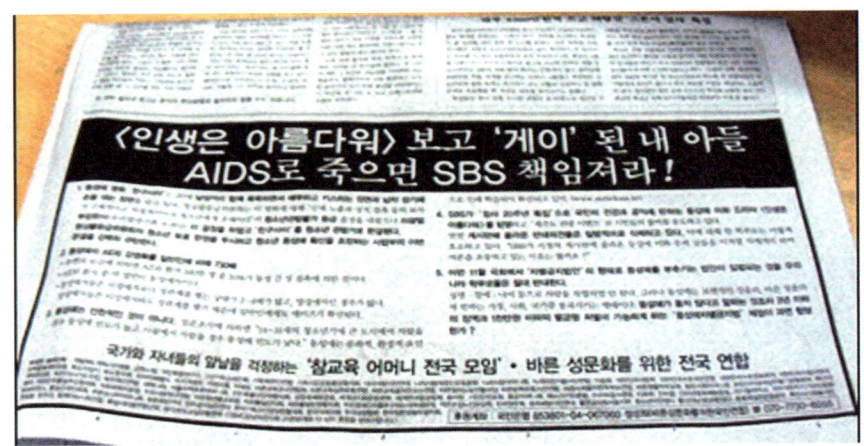
동성애를 정면으로 다룬 MBC 주말 드라마<인생은 아름다워>에 항의하는 성명광고. 이 성명광고는 86개 언론에서 다뤄지고, 인터넷 포털 사이트 검색 상단에 올라 큰 반향을 일으켰다.

동성애 지지자들은 보수적인 한국교회만이 동성애를 반대하는 것처럼 언론에 부각시키고 있다. 동성애 지지 세력과 한국교회와의 대결구도가 된다면 싸움이 어려워질 수 있다. 우리의 조국과 다음세대를 거룩하게 하기 위하여 최선을 다해 국민의 뜻과 힘을 모으는 것이 승리의 지혜가 될 것이다.

지금이 한국교회와 조국과 우리 자녀들을 위해,
우리의 몸을 태워 빛을 내며, 소금처럼 녹아져서 맛을 내야 할 때이다.

*2013. 9. 23 <기독신문> 시론에 게재된 내용을 포함하고 있습니다.

21

백성의 피요, 백성의 기름이라…

2013년 11월호

너는 말 못하는 자와 모든 고독한 자의
송사를 위하여 입을 열지니라

(잠 31:8)

백성의 피요, 백성의 기름이라…

2013년 11월호

일천 백성의 피요, 일만 백성의 기름이라

북한 김정은, 개인 섬에서 7성급 호텔 생활

지난달 북한을 방문했던 미국 프로농구 스타 데니스 로드먼이 김정은 제1비서의 개인 섬에서 음주 파티와 제트스키를 함께 즐겼다고 털어놨습니다. 세계 최고의 갑부도 놀랄 정도로 호화로웠다고 말했습니다.

로드먼은 김정은 비서의 개인 섬은 하와이나 스페인 이비자 섬 같은 세계적인 휴양지 못지 않았고, 모든 시설이 7성급 호텔 수준이었다고 설명했습니다.

또 그곳에서 일주일 동안 길이 60m의 대형 요트를 탔고, 제트스키와 승마, 파티 등을 즐겼다고 털어놓았습니다. 이 요트는 지난 6월 조선중앙통신 사진에 실린 80억 원짜리 영국제 호화 요트로 추정됩니다.

(SBS 뉴스 2013. 10. 19)

최근 김정은이 자신이 좋아하는 미국 프로농구 스타 데니스 로드먼을 북한에 초청하여 김정은 개인 섬에 있는 호화 별장에서 술과 파티와 제 트스키를 즐겼다는 기사가 보도되어 세계인들에게 충격이 되었다.

미국 프로농구 스타 데니스 로드먼이 북한 김정은의 개인 섬에서 음주 파티와 제트스키를 함께 즐겼다.

지난 10월 발표된 유엔 식량농업기구의 '2013 세계 식량 불안상황 보고서'에 따르면 북한의 영양실조 인구는 약 760만 명이다. 북한주민 3명당 1명으로, 아시아 전체 국가 가운데 최악의 상황이다. 국민들은 도탄에 빠져 굶어죽어 가는데 나이 어린 지도자는 세계 최고의 향락을 즐기고 있는 것이다.

김정은은 북한 전역에 33개의 호화별장을 갖고 있고 요트, 제트스키, 승마 등 초호화생활에 익숙하다. 북한주민들의 현실은 모른 채 국민운동으로 승마와 스키를 장려하라고 지시했다.

> "어릴 때부터 승마를 하면 허리가 튼튼해 진다."
> "청소년과 인민이 스키장을 널리 이용하도록 해야 한다."
> "시멘트가 부족하더라도 스키장만큼은 가능한 빨리 짓고 운영하라."

쌀이 부족하다는 보고를 받고는 북한주민들이 그저 밥에만 매달리고 있는데 밥 이외에도 다양한 요리를 권했다고 한다. 주민들은 나무껍질을 끓여 먹고 풀뿌리까지 다 뜯어먹고도 부족해서 굶어죽는 상황인데도 김정은은 전혀 상황 파악을 못하고 있는 것 같다.

'빵이 없으면 케이크를 먹으라고 하세요.'라고 말했던 프랑스 혁명 당시 마리 앙뚜와네트 왕비를 연상시킨다.

> 금동이의 좋은 술은 일천 백성의 피요,
> 옥쟁반 위의 좋은 안주는 일만 백성의 기름이라
> 촛물이 떨어질 때 백성들의 눈물이 떨어지고
> 노랫소리 높은 곳에 원망소리 높았더라
> (춘향전: 변사또 앞에서 이몽룡의 시)

탐관오리 변사또 앞에서의 이몽룡의 시는 김정은 앞에서 들려져야 할 '양심의 소리'이다.

김정은 집권 2년 동안 사치품 1조 3천억 원 수입

3대 세습으로 북한권력을 장악한 김정은이 최근 사치품 수입을 2년 전보다 약 50% 이상 증가시켰다고 언론이 발표했다. 2010년 4억 4천만 달러에서 2012년 6억 4천만 달러로 약 50% 증가됐으며 2011~12년 2년에 걸쳐 12억 3천만 달러(1조3천억 원)에 달하는 사치품을 수입했다. 2012년 북한의 국가예산을 약 60억 달러로 추정할 때 국가 예산의 10% 이상이 집권층의 사치품 수입에 사용된 것이다.

(단위 : 만 달러)

품목 연도	2009	2010	2011	2012
주류, 음료	1,124	901	1,377	3,111
향수, 화장품	211	384	423	631
핸드백, 가죽제품, 여행용구	1,295	524	397	675
모피, 인조모피 및 그 제품	261	354	596	788
양탄자류, 바닥깔개	36	22	55	98
보석·귀금속	18	162	43	83
전자기기, 음향·영상설비	15,099	21,595	27,978	30,710
차량 및 부품	11,505	16,331	23,193	24,061
선박, 수상구조물	84	456	1,748	1,219
광학·의료기기 및 부품	2,192	3,596	2,208	2,105
시계 및 부품	144	121	189	818
악기 및 부품	279	169	217	285
예술품·골동품	5	2	58	2
계	32,253	44,617	58,482	64,586

2012년 북한은 국가예산의 10% 이상을 집권층의 사치품 수입에 사용하였다.

2012년 해외에서 수입한 호화사치품에는 흔들침대와 욕조 등 출산·육아용품, 사우나 설비, 고급승용차, 그리고 특별히 애완견과 애완견을 위한 특별샴푸·치약·세제류도 포함되어 있었다. 이러한 각종 수입 사치품

들은 김정은과 그 일가가 사용하며, 또 최측근 특권 지배층들에게 충성심을 유도하기 위한 선물로 김정은이 하사한다.

북한이 1차 핵실험을 감행한 2006년 10월, UN 안전보장이사회는 「대북제재 결의안」을 통해 사치품을 북한에 수출하지 말 것을 명시했다. 북한의 3차 핵실험에 대해 2013년 3월 UN에서는 「대북 추가제재 결의안」을 통해 보석류, 고급 자동차, 경주용 자동차, 요트 등 초호화 사치품에 대하여 예시목록을 지정하는 등 구체적으로 북한의 사치품 수입을 통제했다. 그러나 중국은 2006년 이래 지금까지 UN 결의안대로 북한에 대한 수출금지 사치품 목록을 지정하지 않고 있으므로 북한은 중국을 통해 자유롭게 사치품을 수입하고 있다. 따라서 국제사회의 대북제재는 효과적으로 이루어지지 못하고 있다.

절대적으로 부족한 북한주민들의 식량구입과 국가경제를 위하여 우선적으로 쓰여야 할 막대한 외화가 김정은과 그 가족, 그리고 소수 특권층을 위해서만 사용되고 있다.

조선의 불가사의한 지도자 김일성, 김정일은 매일 최고로 좋은 음식과 최고로 비싼 술만 먹는다

북한 지도층의 호화생활은 어제 오늘의 이야기가 아니다. 김일성의 사치스러운 생활을 고발하는 책을 2010년에 출판한 김종률 전 북한 장교의 증언과 김정일의 사치와 향락을 폭로한 김정일의 요리사 후지모토 겐지의 책은 세상 사람들에게 충격을 주었다.

김일성 사생활 폭로 – '외국 고급음식만 즐기고 벤츠, 캐딜락 수집광'

오스트리아에서 16년간 잠적해 왔던 북한의 전직 군수담당 정보요원이 4일 서적을 내고 김일성 전 북한 주석의 사치스러운 사생활을 폭로했다.

풀뿌리로 연명하는 북한 인민들을 통치하던 '위대한 지도자'가 은막 뒤에서 실크 카펫을 깔아 놓고 외국의 고급 음식을 즐기며 고가의 차량을 타고 다녔다는 내용이 담겨 있다.

김종률 전 북한 대좌(75)는 1994년까지 20여 년간 오스트리아 등 유럽에서 산업·군수 물자를 북한에 조달하는 역할을 했다.

김 씨는 1994년 세상을 등진 김일성 주석이 크리스털 샹들리에, 실크 벽지, 고가의 가구 등이 꽉 들어찬 10여 채의 초대형 빌라를 갖고 있었다고 증언했다. 빌라 중 몇 채는 지하에 건설돼 있었으며 핵무기 공격에도 견뎌낼 수 있는 환기 시스템을 갖춘 곳도 있었다.

김 씨는 "김 주석은 외국 음식만 먹었다"며 "빈에는 외국 음식 공급을 전담하는 수행원이 있었다"고 회고했다. 김 주석의 이 같은 식습관 때문에 북한 당국이 요리사들을 오스트리아의 요리 학교와 유명 레스토랑에 보내 조리법을 배워오도록 하기도 했다.

서구의 부패와 제국주의를 공개적으로 비판하던 김 주석이 벤츠와

포드, 캐딜락 등 호화 차량을 다수 보유하고 있었다고 그는 증언했다. 차량 수집광이었던 김 주석은 1990년대 초에 벤츠 200 북한판 버전을 만들라고 지시하기도 했다.

…북한이 약 30%의 프리미엄을 얹어 지불했기 때문에 오스트리아 등 여타 해외 국가 상인들에겐 인기가 좋았다.

(2010.3.5. 연합뉴스)

"찢어지게 가난한 나라에서 비싼 것만 찾아먹는… 김정일은…"

김정일 위원장이 조선 전역에 33개의 호화 특각을 갖고 있으며 지난 해부터 이들 특각 등을 개·보수하는 데 3700만 딸라 이상을 쓴 것으로 나타났다. 33개의 특각은 각각 수십만 제곱미터 규모로 경관이 뛰어난 명산과 바닷가 등에 조성돼 있으며, 연회장과 낚시터, 승마장과 사냥터 등이 꾸며져 있고 경호원과 관리원이 상주하고 있는 것으로 파악하고 있다. 또한 별장이 위치한 지역 인근에는 김정일 위원장만 이용하는 전용렬차 역 28개를 만들어 운영 중인 것으로 확인됐다.

…이렇게 많은 돈이 들어가는 것은 김정일의 특각에 들어가는 건축자재들이 대부분 외국에서 수입해야 하는 값비싼 것들이기 때문입니다. 또한 김정일이 쓰는 비누와 수건, 심지어 먹는 것까지도 대부분 세계에서 가장 값비싸고 희귀한 것들로 이루어져 있습니다.

김정일의 전속 요리사였던 후지모토 겐지의 증언입니다.

"음식 재료를 구입하기 위해 나는 여러 차례 외국에 다녀왔다. 김정일이 무엇을 사오라고 할 때마다 항공편을 이용해 음식 재료를 사러 가는 것이다. 싱가포르에는 과일을, 로씨야와 이란에는 소금에 절인 철갑상어 알을 사러 갔고, 그 밖에 중국과 구라파, 일본에도 자주 다녀왔다. 일본에서는 주로 생선을 구입했다. 타이와 말레이시아에서는 과일을 구입했는데 주로 두리안, 파파야, 망고 등이었다. 체스꼬에서는 생맥주를, 단마르크에서는 돼지고기를 구입했다."

후지모토 겐지가 김정일을 위해 요리재료를 사러 다니던 때는 3백만 인민이 무더기로 굶어죽은 고난의 행군 시기입니다. 한쪽에선 강냉이 죽 한 그릇 먹지 못해 인민들이 죽어가는데 지도자라는 사람은 듣도 보도 못한 요리를 전 세계에서 날라다 먹었습니다. 이에 대해 LA타임스는 2004년 7월 8일자 기사에서 "찢어지게 가난한 나라에서 비싼 것만 찾아먹는 조선의 불가사의한 지도자 김정일은 매일 최고로 좋은 음식과 최고로 비싼 술만 먹는다"며 강도 높은 비판을 했습니다.

(2011.8.7. 자유조선방송)

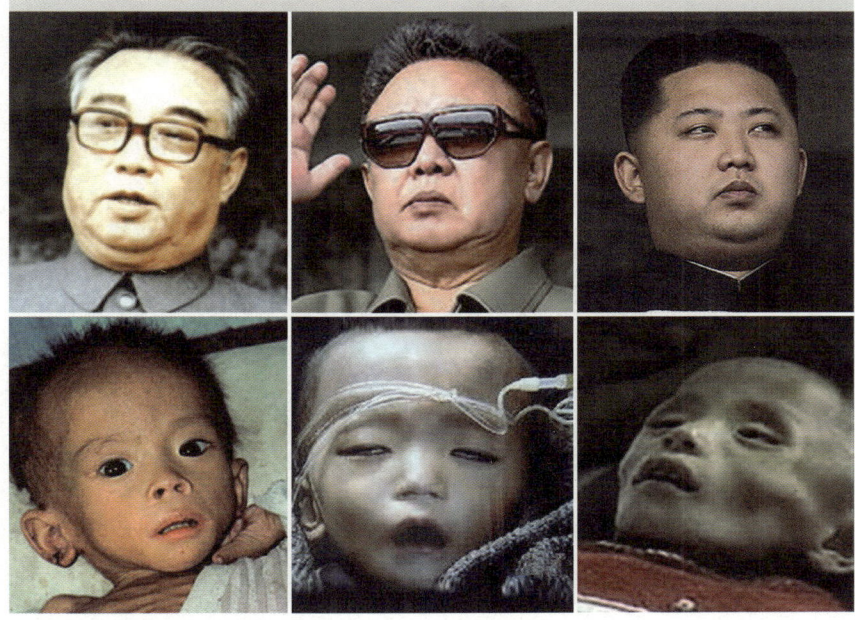

뚱뚱한 3부자와 굶어 죽어가는 북한아이들

말 못하는 자와 모든 고독한 자의 송사를 위하여

김정은은 승마용으로 러시아의 대표적인 말이며 한 마리에 수억 원을 호가하는 '올로프 트롯터' 종 수십 마리를 사들였고 2011년 11월 북한군 기마 중대를 방문할 때 이 러시아 말을 탔다. 이 때 김정은이 국민 건강을 위하여 전 국민에게 승마를 장려했다.

김정은은 술을 좋아하고 밤새도록 파티를 즐긴다. 그래서 최근 북한에 파티용 양주 수입량이 김정일 때보다 훨씬 증가했다. 또 김정은은 숙취와 피로회복을 위해서 핀란드와 러시아로부터 최고급 사우나 설비들을 수입했다.

수억 원을 호가하는 러시아산 '올로프 트롯터'를 탄 김정은

과다한 사치품 수입은 엄청난 외화를 탕진하게 하며 전 국민들에게는 국가적으로 외화벌이에 총력을 다하게 한다. 김정은은 자유롭게 사치품을 수입하기 위해서 개인 외화 비자금을 비축해야 하고, 비자금 마련을 위해서는 당 간부들에게 '충성자금' 납부를 강요하고 있다. 또 개성공단 직원들과 러시아 벌목공 등 해외 파견근로자들의 임금 대부분을 각종 명목으로 공제하고 있다. 해외 공관에 근무했던 탈북자들의 증언에 의하면, 외화벌이를 위해서는 해외 공관을 통한 마약 판매, 100달러 위조지폐 유통 등 국제적인 범죄에 해당되는 일도 마다하지 않는다.

3대 세습 독재를 거치면서 사치와 방탕은 더욱 심해지고 온 인민의 신음과 고통이 더욱 깊어져 가고 있다. '북한구원 통일한국'이 지연된다는 것은 북한동포들의 눈물과 피 흘림을 연장시키는 것이다. 광복 후 남북분단 70년을 바라보면서, 이스라엘의 70년 포로생활이 끝나도록 베옷을 입고 금식하며 회개하고 기도했던 다니엘처럼, 우리민족의 통일과 회복을 위하여 구원자 되신 하나님께 금식하며 회개하고 기도해야 할 때이다.

"누가 우리 동포들을 독재의 사슬과 극심한 고통으로부터 구해낼 것인가?"

> **너는 말 못하는 자와 모든 고독한 자의 송사를 위하여 입을 열지니라** (잠 31:8)
> **너는 사망으로 끌려가는 자를 건져 주며 살륙을 당하게 된 자를 구원하지 아니하려고 하지 말라** (잠 24:11)

극동방송 이용희 교수 1분 기도
북한구원

최근 북한 김정은이 아내 리설주에 대한 추문을 은폐하기 위해 아내의 친구들 9명을 총살시켰다고 언론이 보도했습니다. 리설주의 친구 9명은 음란물을 제작하고 출연한 뒤, "리설주도 전에는 우리들과 똑같이 놀았다"고 말한 것이 북한 보위부에 도청되어 총살되었습니다.

이 공개처형은 재판도 없이, 군관학교 연병장에서 군과 당 간부, 악단 관계자들이 다 지켜보는 자리에서 진행되었습니다. 또 총살당한 9명의 가족들은 모두 정치범수용소로 끌려갔고 이들이 몸 담았던 두 악단은 해체되었습니다.

최근 발표된 민주화 지수에 의하면 북한의 민주화 지수는 167개 국 중 최하위인 167위입니다. 90년도 중후반 고난의 행군 때 굶어 죽은 북한동포 300만 명과 지금까지 계속 굶어죽은 북한주민들을 합하면 400만 명이 된다고 합니다. 분단 이후 지금까지 정치범수용소에 끌려가서 맞아 죽고, 얼어 죽고, 병들어 죽은, 제 명에 못 죽은 사람들이 200만 명이 넘습니다.

하나님, 북한 독재정권으로부터 짓밟히고 고통당하며 복음 듣지 못하고 죽어 가는 북한동포들의 생명과 자유와 인권을 회복시켜 주시옵소서. 한국교회와 성도들이 북한동포들의 영육구원을 위해 울며 금식하며 기도하므로 북한동포들이 자유롭게 예수 믿는 날이 속히 오게 해 주시옵소서.

예수님의 이름으로 기도드렸습니다. 아멘.

22

예수님께 드렸던 세 번의 생신선물

2013년 12월호

어느 때에 나그네 되신 것을 보고 영접하였으며
헐벗으신 것을 보고 옷 입혔나이까

(마 25:38)

예수님께 드렸던 세 번의 생신선물

2013년 12월호

크리스마스가 다가오면 으레 예수님 생신선물을 생각한다. 오래 전에 읽었던 짧은 신앙 수필 덕분에 얻은 습관이다. 글에서, 미국에 사는 한 어머니가 크리스마스를 앞두고 가족들과 친척들의 선물을 정성껏 준비하고 있을 때 곁에 있던 어린아이가 질문했다.

"엄마, 이 선물은 뭐야?"
"가족들과 이웃들에게 줄 크리스마스 선물이란다."
"크리스마스가 뭔데?"
"예수님 생일."
"그럼 예수님 생일 선물은 어디에 있어?"
"……"

이 질문에 엄마는 말문이 막혔다. 그리고 그때서야 생각이 났다. '예수님 생일'에 예수님께 무엇을 드렸던가?

이 수필을 읽고 어린아이 엄마처럼 '예수님 생신선물' 없이 보내 온 수많은 크리스마스가 떠올랐다. 이 후로는 크리스마스가 다가올 때마다, 어린아이의 질문이 내 마음에 되살아났다.

"그럼 예수님 생일 선물은 어디에 있어?"

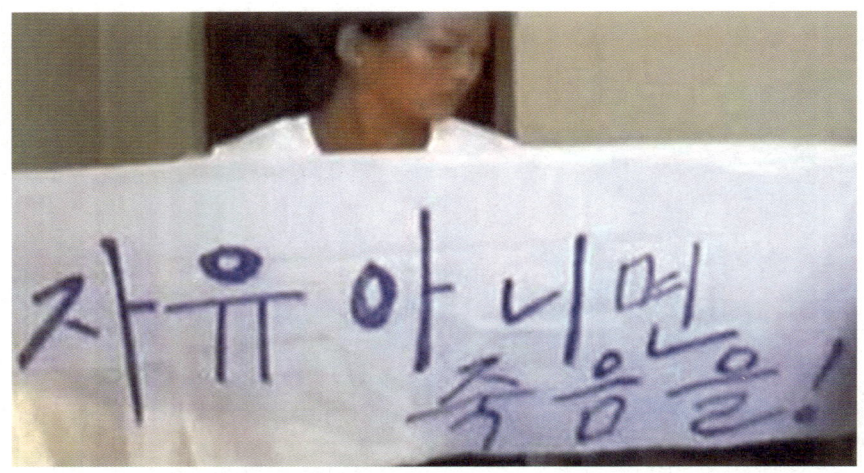

탈북여성이 중국에서 직접 만든 현수막을 들어보이고 있다.

해마다 예수님께 생신선물을 드렸지만 지금도 기억에 남는 '예수님 생신선물'이 있다.

첫째는 중학교 2학년 시절 추웠던 크리스마스이브 날 밤, 버스정류장에서 버스가 올 때마다 뛰어올라 버스 차장 누나에게 성탄 카드와 사탕두 알씩 주고는 얼른 내렸다(당시에는 버스 차장이 있었다).

두 번째는 오랫동안 병상에 누워 있었던, 이제는 많은 교우들에게 잊혀진 한 성도가 떠올랐다. 성탄절을 앞두고 어머니와 함께 케이크를 들고 찾아가 예배를 드렸다. 그 때 그 성도가 흘렸던 눈물을 지금까지도 잊을 수 없다. 그분은 이번 성탄을 천국에서 맞을 것이다.

세 번째는 작년에 드렸던 선물이다. 크리스마스를 앞두고 '예수님 생신선물'을 무엇으로 할지 생각하던 중 목숨을 걸고 압록강과 두만강을 넘는 북한 동포들이 생각났다. 굶어죽지 않으려고, 자유를 찾아, 더 이상 북한 땅에서 살 수 없어서… 여러 이유로 국경을 넘은 탈북자들이 짐승처럼 팔려 다니고 중국 공안에게 쫓겨 도망 다니는 모습이 떠올랐다. 또 중국에서 붙잡힌 탈북자들을 위해 금식하면서 '탈북자 강제북송 반대운동'을 함께했던 많은 사람들의 얼굴들이 눈앞에 그려졌다. 그래서 작년에는 '탈북자 1명 구출 헌금'을 '예수님 생신선물'로 드렸다.

올해 예수님께서 기뻐 받으실 생신선물은 무엇일까?

> 내 형제 중에 지극히 작은 자 하나에게 한 것이 곧 내게 한 것이니라
> (마 25:40)

[가이드 포스트] 2013년 12월호에 게재됐던 이용희 교수의 글입니다.

예수님 생신선물… 지난 일 년을 돌아보며

작년 성탄절을 맞으며 '예수님 생신선물'이라고 하는 이름으로 월간 『JESUS ARMY』 2013년 1월호 발간사를 썼습니다. 탈북자 한 명 구출을 예수님 생신선물로 드리자는 제안의 글이었습니다. 이 글이 월간지와 제 페이스북을 통하여 사람들에게 알려지자 많은 분들이 예수님 생신 선물 계좌로 '탈북자 구출 헌금'을 보내주셨습니다.

저는 깜짝 놀랐습니다. '예수님 생신선물'이라는 짧은 글을 통해 너무나 많은 분들이 '탈북자 구출'에 동참해주셨고 또 소중한 헌금들이 입금되었습니다. 11월 20일까지 예수님 생신선물 계좌로 입금된 총 헌금은 243,878,780원입니다. 이 헌금들을 통해서 총 85

명이 구출되었고 (①태국 수용소 체류 중 8명, ②대한민국 입국 후 국정원 조사 중 26명, ③하나원 교육 중 13명, ④하나원 퇴소 38명 – 총 85명), 현재 11명의 탈북자 구출을 추진하고 있습니다. 많은 분들의 계속적인 헌금에 힘입어 탈북자 구출 사역은 앞으로도 계속될 것입니다.

북한구원 통일한국을 이루기 위하여 기도하는 우리들에게 탈북자 구출은 가장 실제적으로 통일을 앞당기는 사역이라고 할 수 있습니다. 남한으로 들어오는 탈북자들이 많아질수록 남한 국민들은 더욱 북한 실상과 북한주민들을 이해하게 되고 더불어 함께 사는 통일을 연습할 수 있게 됩니다. 또 탈북자들을 통하여 북한 내부에 있는 가족들에게 남한의 소식과 함께 돈과 의약품 등이 실제적으로 전달되고 있습니다.

탈북자 입국 경로

"새해에는 남한의 6만 교회, 그리고 전 세계 5천 한인교회마다 '탈북자 한 명 구출운동'을 시작했으면 좋겠습니다. 1년에 6만 5천 명의 탈북자들을 구출한다면, 몇 년 안에 중국 땅에는 강제북송 될 탈북자들이 남아 있지 않게 될 것입니다. 그러면 더 이상 중국대사관 앞에서 '강제북송 반대' 단식을 하거나 시위를 할 필요도 없습니다. 예수님께서 감격해서 눈물을 흘리시며 받으실 생신선물은 '탈북자 구출'입니다."

-2013년 1월 월간 『JESUS ARMY』 '예수님 생신선물' 중에서

극동방송 이용희 교수 1분기도

추운 겨울에 북한동포들이 복음 듣기 전에는 얼어 죽지 않게 하시고 굶어 죽지도 않게 하시고 또 약이 없어서 죽지도 않게 하시고 친히 주님의 은총으로 돌보아 주시옵소서.

굶어 죽지 않으려고 목숨을 걸고 압록강과 두만강을 넘어 중국으로 도망친 탈북자들을 긍휼히 여겨 주시옵소서. 중국에서도 인신매매범에 팔려 다니며 고통과 공포 속에 지내다가 중국공안들에게 붙잡혀서 북한에 강제북송을 눈앞에 두고 있는 탈북민들을 지켜주시옵소서.

강제북송 된 탈북자들은 고문과 강제노동과 처형 등 각종 인권유린을 당합니다. 주님께서 이들의 생명과 자유와 인권을 보호해 주시옵소서.

정치범 수용소에 갇힌 20만 명의 북한 주민들과 7만 명의 지하교회 성도들을 주님께서 친히 돌보아 주시고 정치범수용소가 속히 해체되고 갇힌 자들이 놓임 받게 해 주시옵소서.

밤마다 북한동포들의 신음소리가 너무 쟁쟁하게 귀에 들려서 우리의 철야기도가 시작되게 하시고, 좋은 음식을 먹으려고 하면, 식량이 없어 나무가죽을 벗겨먹다가 마침내는 흙을 입에 넣고 쓰러지는 북한 아이들의 모습이 눈에 선하게 아른거려서 우리들의 금식기도가 시작되게 해 주시옵소서.

북한 동포들로 인해 갈갈이 찢어진 예수님의 마음과 울부짖음이 우리의 마음과 부르짖음이 되어서 우리의 골육인 북한동포를 구원함으로 남북한이 함께 잘사는 통일한국 되게 해 주시옵소서.

예수님의 이름으로 기도드립니다. 아멘.

23

하나님의 통일전략
'북한구원 금식성회'

2014년 1월호

내가 기뻐하는 금식은 흉악의 결박을 풀어 주며
멍에의 줄을 끌러 주며 압제 당하는 자를 자유하게 하며
모든 멍에를 꺾는 것이 아니겠느냐

(사 58:6)

하나님의 통일전략, '북한구원 금식성회'

2014년 1월호

장성택 처형과 한반도 위기 상황

"전쟁은 광고 내고 하지 않는다" 최룡해 발언

장성택 처형으로 드러난 김정일과 군의 밀착은 한반도 정세의 급격한 불안 가능성을 예고한다. "전쟁은 광고 내고 하지 않는다"는 최룡해 발언은 체제안정을 위해 언제든 대남도발을 카드로 쓸 수 있다는 위협이다. 우리 측에서도 내년 초 북한의 도발 가능성이나 4차 핵실험 경고가 나오고 있다.

남북관계 못지 않게 주목해야 할 것이 미국과 중국의 입장이다. 장성택 제거와 야만적인 처형에 미·중은 격분하고 있는 것으로 전해진다.

(2013.12.17. 한국일보)

장성택 기관총 사살 후 화염방사기로 태워

오…북한이 장성택을 기관총으로 사살한 뒤 그의 사체를 화염방사기로 태웠을 가능성이 가장 큰 것으로 보고 있다.

정보당국은 13일 "북한 주민들의 공포감을 극대화하기 위해 화염방사기로 사체를 크게 훼손했을 것"이라고 말했다.
북한은 판결문에 장 부위원장을 지칭하며 '그런 자들은 죽어서도 이 땅에 묻힐 자리가 없다'고 강조했다. 무덤에 묻히는 마지막 인간적 배려도 하지 않았음을 시사하는 내용이다. 기관총·화염방사기 처형 수법은 최근 들어 북한에서 자주 활용되는 것으로 알려졌다.

(2013.12.14. 국민일보)

장성택 측근 등 70여명 中 탈출설…
남파간첩 명단과 핵 정보까지?

최근 장성택 처형을 전후해 김정은 정권의 숙청을 우려한 장성택의 측근 등이 중국으로 탈출하고 있으며 현재 정보당국이 파악한 인원만 약 70명에 달한다고 밝혔다.

이들은 대부분 북한 노동당과 군부 인사, 외교관들이다. 이 가운데는 북한의 도발 징후를 담은 기밀문서를 정보당국에 넘긴 인사도 있는 것으로 알려졌다. 이에 근거해 김관진 국방부 장관이 "내년 1월 하순에서 3월 초순 사이 북한이 도발할 가능성이 크다"고 언급한 것으로 전해졌다.

"탈출한 북한측 인사 가운데 북한 김정일, 김정은의 비자금 내역에 정통한 인물과 남파간첩 명단 및 핵무기 관련 자료를 가지고 국정원과 협상 중인 거물급도 존재하는 것으로 안다"며 "이들은 대부분 한국 망명을 원하고 있다"고 밝혔다.

(2013.12.19. 머니투데이)

북한, 은하수악단 화염방사기 동원 참혹한 처형

2005년 9월, 아시아육상대회에서 리설주로 추정되는 한 여성이 노래공연을 하고 있다.

…은하수관현악단은 결혼 전 리설주가 몸담았던 곳으로, 음란물 제작 등 성추문에 휘말린 이들이 "리설주도 우리처럼 놀았다"고 폭로하면서 잔혹하게 처형된 것으로 전해졌다.

중국에 체류 중인 한 북한 인사는 "당시 끌려나온 9명의 예술인 중엔 임신을 한 여가수도 있었는데, 이마저도 가차없이 처형했다"면서 "총신이 4개인 기관총으로 난사 후에는 형체도 알아볼 수 없게 훼손된 시체를 화염방사기로 퍼부어 재가루로 날려 보냈다. 인권유린의 극치였다"고 주장했다. "이 광경을 목격한 일부 예술인들은 그 자리에서 졸도했고, 여러 예술인들은 너무 겁에 질려 다음날 출근을 못하는 사태까지 벌어졌다." …

(2013.12.12. 서울신문)

북한 "예고 없이 타격"

정부 소식통은 20일 "북한이 어제(19일) 국방위원회 명의로 '예고 없이 남측을 무자비하게' 타격하겠다는 내용이 담긴 전화통지문을 보내왔다"고 말했다. 이 전통문의 수신처는 청와대 국가안보실인 것으로 알려졌다.

북한은 지난 17일 김정일 국방위원장 사망 2주기를 맞아 서울시내에서 보수단체들의 시위가 자신들의 '최고 존엄'을 건드렸다며 협박성 전화통지문을 발송해 장성택 처형 이후 남북 간 긴장수위를 높이고 있다.

(2013.12.20. 국제신문)

탈북 전문가들의 북한동태 파악과 예측

요덕스토리로 유명한 탈북민 정성산 감독은 6개월 전에 이미 장성택이 숙청될 것이라는 예측을 했고 이것이 지난 7월에 기사화(2013.12.20. 매일경제) 됐었다.

북한 동포들이 많이 듣는 자유북한방송의 탈북민 김성민 대표는 12월 9일 연합뉴스와의 인터뷰에서 "장성택은 12월 5일 이미 처형되었고 지금은 이 세상 사람이 아니다"라고 발표함으로 많은 사람들에게 충격을 주었다. 조선중앙TV에서는 12월 9일 장성택이 정치국 회의에서 체포되는 장면이 방영되었지만 실제로는 그 이전에 처형되었다는 것이다. 김 대표의 설명에 따르면 북한은 12월 5일에 이미 장성택을 죽인 후에, 각본에 따라 조선중앙TV를 통해 12월 9일에는 체포 장면을 내보내고 12일에는 공개처형 사실을 보도했다는 것이다.

김 대표의 발표는 국내외적으로 장성택 처형이 보도 되기 3일 전이었고, 많은 사람들이 김정은이 설마 고모부인 장성택을 죽이기까지 하겠느냐고 말하며 가택연금설, 격고지유배설 등이 언급되는 상황이었기에 더 매스컴의 주목을 받았다.

탈북민 북한전문가들의 대북연락망을 통한 북한동태 파악과 예측이 남한의 정보기관보다 더 정확할 때가 있다. 그들은 북한에서 살았었기 때문에 북한상황에 대해서는 남한 사람들보다 더 통찰력이 있고 직감적으로도 정확한 예측이 가능한 것을 볼 수 있다.

급변하는 한반도 위기상황 속에서 향후 통일전략은 탈북 전문가들과 남한 전문가들의 원활한 소통 가운데서 진행되는 것이 바람직하다고 생각한다.

계속되는 피의 숙청

포승줄에 묶인 장성택, 손·얼굴에 고문 흔적?

김일성이 죽고 김정일 체제가 수립되면서 대규모의 숙청과 피바람이 일었다. 그때 고위급 관리와 가족 등 25,000명과 뒤이은 6,000명의 숙청을 진두지휘한 사람이 장성택이었다. 김정일이 죽고 김정은 체제가 세워지면서 제 2인자로 부각되었던 장성택이 이제는 본인이 숙청대상이 되었다. 피의 숙청을 주도했던 사람이 더 악한 자에게 처형당한 셈이다.

실제로 북한 내부 사정을 북한으로부터 직접 전해 듣는 탈북민들의 말에 따르면 대대적인 숙청이 본격화 되었다고 한다. 북한당국은 "장성택과 연계된 자들을 한 놈도 놓치지 말고 모조리 찾아내 처벌하며…"라고 지시했다. 하룻밤 사이에도 수백명이 사라지는데, 어느 날은 "김정숙(김정일 모) 사범대학 학장이 잡혀가고…", "보위부 처장도 잡아가고…" 또 "12군단 참모장이 잡혀가고…" 이런 일들이 벌어지면서 분위기가 매우 흉흉하다고 한다.

데일리NK는 "12월 13일 오후 10시에 무장한 보위부 군인들이 평양에 사는 장성택 친인척 집에 들이닥쳐 먼 친척까지 다 체포해갔다"고 보도했다.

장성택의 숙청과 공개처형은 많은 이들에게 충격을 주었고 북한의 전쟁 위협과 4차 핵실험 등 한반도 위기상황을 조성하고 있다. 그러나 또 한편으로는 장성택 처형을 통하여 대부분의 남한사람들이 북한상황과 뉴스에 크게 관심을 갖게 되었으며 북한의 3대세습독재의 잔혹성과 공포정치 그리고 심각한 인권유린에 대해서 깨닫게 되는 계기가 되었다.

위기는 곧 기회

1990년도 중반이후 북한에서 배급이 중단되자 북한 주민들에 대한 북한 당국의 영향력은 서서히 감소하기 시작했다. 하나님처럼 숭배했던 김일성이 죽고 김정일 체제 속에서 300만 명 이상이 굶어 죽자 북한 주민들은 텃밭농사와 장마당을 통하여 스스로 살 길을 찾아 나섰다. 김정일이 죽고 30세도 안 된 새파란 김정은이 통치하면서 영양실조로 고통 받는 주민들에게 국민운동으로 승마와 스키를 장려할 뿐 아니라 고모부 장성택까지 잔혹하게 죽이는 상황에 이르자 북한주민들의 통치자에 대한 존경심은 사라지고 있다고 볼 수 있다.

지금이야말로 70년에 이르는 '3대 세습독재', '김일성 집안 우상화', 그리고 '세계 10대 종교'로 선정된 '김일성주체사상'을 무너뜨릴 수 있는 절호의 기회가 될 수 있다.

남재준 "2015년 통일 가능"

남재준 국가정보원장 등 '적극론'을 주장하는 쪽은 이번 기회에 북한 정권의 변화를 적극적으로 유도해 통일을 가능한 한 앞당기자는 입장이다. 반면 류길재 통일부 장관 등은 성급하게 북한의 변화를 유도하려다가 오히려 한반도 정세 불안을 증폭시킬 수 있다며 '신중론'에 가까운 입장으로 알려졌다.

국정원은 지난 21일 저녁 원장 공관에서 남 원장 주재로 간부 송년회를 열었다. 한 참석자는 "조국 통일 달성을 결의하는 자리였다. 국가 보안이라 말할 수는 없지만 조국 통일을 위한 '구체적 플랜'도 논의했다"며 "오는 2015년에는 자유 대한민국 체제로 조국이 통일돼 있을 것"이라고 말했다.

남 원장은 이날 간부들에게 "우리 조국을 자유민주주의 체제로 통일시키기 위해 다 같이 죽자. 한 점도 거리낌 없이 다 같이 죽자"며 비장한 각오를 다졌다고 한다. 참석자들은 '이 몸이 죽어서 나라가 산다면, 아 아 이슬같이 기꺼이 죽으리라'라는 내용의 독립군 군가 '양양가(襄陽歌)'를 합창했다.

(2013.12.24 조선일보)

하나님의 통일전략, '북한구원 금식성회'

내가 기뻐하는 금식은 흉악의 결박을 풀어 주며 멍에의 줄을 끌러 주며 압제 당하는 자를 자유하게 하며 모든 멍에를 꺾는 것이 아니겠느냐 (사 58:6)

작년 7월 초 10차 지저스아미 컨퍼런스를 마친 직후부터 이 글을 쓰는 지금까지, 올해 2월 4-8일에 있을 '북한구원 금식성회'(11차 지저스아미 컨퍼런스)에 대한 특별한 부담이 있었다. 그동안 북한구원을 위한 여러 번의 금식성회를 개최했었지만 이번 성회만큼은 실제로 북한 동포들을 독재와 공포와 고통으로부터 해방시키는 금식기도를 드려야 한다는 생각이 계속되었다. 그래서 지난 여름부터 이번 '북한구원 금식성회'를 묵상하며 계획할 때, 더 이상 억압받고 짓눌린 북한동포들의 신음과 고통을 방치해서는 안 되겠다는 각오와 결단을 하게 되었다.

"어떻게 하면 이번 '북한구원 금식성회'가 북한동포들의 고통을 끝내는 금식성회가 될 수 있을 것인가?"

계속되는 이 질문에 대한 대답은 역시 '기도'였다.

2013.2. 9차 북한구원 금식성회

동포들의 고통을 끝내는 능력 있는 기도를 드리기 위해서는 이번 금식성회를 위한 특별한 헌신과 기도가 절대적으로 필요하다고 생각했다. 그래서 지난 12월 10~12일 동안 이번 성회를 위해 '특별 3일 금식기도회'를 가졌고 그 다음날인 12월 13일부터 금식성회 전인 2월 2일까지 느헤미야가 52일 동안 무너진 예루살렘 성을 다시 쌓은 것 같이 '북한구원 금식성회'를 위한 '느헤미야 52일 특별철야기도회'를 진행하게 되었다.

엘리야가 3년 동안 기근이었던 이스라엘에 하나님께서 다시 비를 주시겠다고 하는 약속의 말씀을 받았지만 실제로 비가 오도록 갈멜산 꼭대기에 올라가서 땅에 꿇어 엎드려 그의 얼굴을 무릎 사이에 넣고 간절히 기도하였다. 엘리야는 7번을 거듭 확인하며 마침내 비가 올 때까지 끈질기게 기도하였다. 이번 '북한구원 금식성회'도 엘리야가 갈멜산에서 드린 7번의 기도와 같이 북한동포들의 압제와 고통이 끝나도록 목숨을 걸고 끈질기게 기도해야 한다.

민족의 멸절 위기 앞에서 에스더가 3일을 금식한 후에 '죽으면 죽으리라' 결단하고 왕께 나아가서 민족을 구원한 것 같이 우리도 북한동포들의 영육구원을 위해 3일을 금식하며 '죽으면 죽으리라' 결단하고 하나님께 나아가 기도해야 한다.

이제는 이 세상에서도 지옥같이 살다가, 복음 들을 기회조차 없이 죽어서는 진짜 지옥 가는 북한동포들의 생명과 자유와 인권을 위해 그리고 북한동포들이 자유롭게 예수 믿을 수 있는 날이 속히 오도록, 울며 금식하며 하나님께 생명을 드려 기도할 때이다.

너는 사망으로 끌려가는 자를 건져 주며 살륙을 당하게 된 자를 구원하지 아니하려고 하지 말라 (잠 24:11)

24

하나님의 소원 '통일'

2014년 2월호

기도 외에 다른 것으로는
이런 종류가 나갈 수 없느니라…

(막 9:29)

…

하나님의 소원 '통일'

2014년 2월호

북한, 2014년 세계 최악의 기독교 박해국가

2014 기독교 박해국가 순위

순위	국가 (지난 해 순위)
1	북한 (1)
2	소말리아 (5)
3	시리아 (11)
4	이라크 (4)
5	아프가니스탄 (3)
6	사우디아라비아 (2)
7	몰디브 (6)
8	파키스탄 (14)
9	이란 (8)
10	예멘 (9)

오픈도어선교회가 발표한 세계기독교 박해 국가 순위. ( ) 안의 숫자는 2013년 순위

지난 1월 6일(현지시각) 국제오픈도어선교회는 전 세계 기독교 박해지수를 발표했다. 북한은 2014년 세계 최악의 기독교 박해국가로 선정되었다. 북한은 2002년부터 12년 연속 기독교 박해지수 세계 1위를 차지했다.

북한에서 예수 믿다가 발각되면 공개처형(사형)이 되든지 정치범수용소로 끌려가게 된다. 북한 정치범수용소에서는 약 20만 명이 수용되어 있는데 그 중에서 7만 명 정도가 기독교인으로 알려져 있다. 이곳에서는 각종 고문, 성폭행, 강제낙태, 영아살해, 생체실험, 공개처형 등 상상을 초

월하는 인권유린이 자행되고 있다. 정치범수용소에 수감된 사람들 중에도 계층이 있는데 기독교인들은 최하 계층으로 분류되어 각종 생체실험과, 생물학 무기나 독가스 등 화학무기를 위한 실험 대상으로도 사용된다고 한다.

북한 정치범수용소 강제낙태, 보위부원의 위협에 두 명의 수감자가 만삭의 여성수감자 배 위에서 널을 뛴다.

"아니요, 통일이요"

2013년에서 2014년으로 넘어가는 송구영신 예배를 드리고 나오면서 한 청년에게 2014년 개인의 기도제목을 물었다. 이 형제는 새해 기도제목을 나열하기 시작했다.
"첫째는 성령충만이구요, 둘째는 지혜구요…"
그러다가 말을 멈추고 잠시 생각을 하더니
"아니요, 통일이요"라고 기도제목을 바꾸어 말했다.
"아무래도 새해에는 통일을 첫째로 기도해야 할 것 같아요."

새해 첫 시간에 주님께서 내게 주시는 신선한 충격이었다.
이런 젊은이들이 있어서 이제 곧 통일이 되려나 보다….

하나님의 소원 '통일'

지난 1월 6일(월), 매주 월요일마다 저녁 7시 30분에 모이는 '서울역 통일 광장기도회'에 참석했었다. 이날 말씀을 전하셨던 윤치환 목사님(안산 사랑의교회)의 2014년 새해 메시지는 '하나님의 소원, 통일'이었다. 중심으로부터 아멘이 나왔다.

"그래, 맞다. 2014년 하나님의 첫 번째 소원은 '통일'일 것이다."

전 세계에서 가장 핍박받는 땅 북한, 가장 핍박받는 북한 지하교회 성도들, 지금도 정치범수용소의 지옥 같은 고통 속에서 신음하며 죽어가는 북한 영혼들…

사울아 사울아 네가 어찌하여 나를 박해하느냐?

사울이 예수님을 만나기 전 핍박자로서 악명이 높았었다. 다메섹까지 핍박을 피해 피신한 성도들을 체포하기 위해 다메섹으로 가던 길에서, 너무나 밝은 빛이 비취자 실명을 하고 땅에 엎드려진 사울에게 하늘에서 소리가 들린다.

> 사울아 사울아 네가 어찌하여 나를 박해하느냐? (행 9:4)

예수님께서는 성도들에 대한 핍박을 자신에 대한 핍박으로 간주하셨다.

한 목사님께서 집회 설교를 앞두고 기도를 하셨는데 기도 중에 눈앞에 큰 한반도 지도가 펼쳐지고 그 위에 주님의 얼굴이 나타났다고 한다. 그 예수님의 얼굴에서 눈물이 하염없이 흘러내렸고 그 눈물은 북한 땅 모두를 적셨다고 간증하셨다.

"예수님을 사랑한다고 고백하는 우리에게는 과연 북한 땅을 향한 눈물이 있는가?"

전 세계에서 성도가 가장 핍박을 받는 땅 북한 때문에 예수님의 아픔과 눈물과 기도는 지금도 계속되고 있다. 그래서 우리 주님의 소원은 '통일'인 것이다.

> 지극히 작은 자 하나에게 한 것이 곧 내게 한 것이니라 (마 25:40)

훗날 우리가 주님의 심판대 앞에 섰을 때 주님께서 이렇게 말씀하실 수 있다.

"내가 북한 땅에서 굶어 죽어갈 때 네가 나를 위해서 아무것도 하지 않았다."

"내가 정치범수용소에 끌려가서 생체실험을 당하고 피를 흘리며 죽어갈 때 네가 나를 위해서 아무것도 하지 않았다."

"내가 굶어 죽지 않으려고 목숨을 걸고 압록강 두만강을 넘어 중국 땅에서 팔려 다니고 도망 다닐 때 네가 나를 위해 아무것도 하지 않았다."

"내가 중국 땅에서 도망 다니다 공안에게 붙잡혀서 강제북송을 앞두고 국경수비대에서 '제발 강제북송 시키지 말아 달라'고 애원할 때 네가 나를 위해 아무것도 하지 않았다."

그러나 주님께서 우리에게 이렇게 말씀하시면 좋겠다.

"내가 북한 땅에서 굶어 죽어갈 때 네가 나를 위해서 울며 금식하며

구걸과 도둑질, 얼어 죽고 굶어 죽어가는 꽃제비들

기도했다."

"내가 정치범수용소에 끌려가서 생체실험을 당하고 피를 흘리며 죽어갈 때 네가 정치범수용소의 실체를 여러 사람들에게 알리며 수용소가 해체되도록 노력했다."

"내가 굶어 죽지 않으려고 목숨을 걸고 압록강 두만강을 넘어 중국 땅에서 팔려 다니고 도망 다닐 때 네가 돈을 모아서 나를 남한 땅으로 무사히 데리고 왔다."

"내가 중국 땅에서 도망 다니다 공안에게 붙잡혀서 강제북송을 앞두고 국경수비대에서 '제발 강제북송 시키지 말아 달라'고 애원할 때 네가 중국대사관 앞에서 '탈북자 강제북송 반대'를 외치고 반대성명서를 중국대사관에 전달했다."

그리고 주님께서 고마워하시면서 우리를 품에 꼬옥 안아주시면 좋겠다.

305

기도 외에 다른 것으로는 이런 종류가 나갈 수 없느니라
(막 9:29)

2007년 5월 종교 전문 사이트인 어드히어런츠닷컴(www.adherent.com)에서는 김일성주체사상을 세계 10대 종교로 선정했다. 김일성주체사상교의 교주는 김일성·김정일, 교리는 김일성주체사상, 교인은 북한의 전 주민이라고 발표했다. 전국적으로 3만 8천 개의 동상이 있고 전 국민이 김일성, 김정일 동상과 초상화에 오늘도 고개를 숙여 절하고 있다. 북한 전역에 있는 3천 2백 개의 영생탑에는 "위대한 김일성 동지와 김정일 동지는 영원히 우리와 함께 하신다"라고 새겨져 있다. 김일성, 김정일은 죽지 않았다. 북한 주민들의 마음속에 영원히 함께 있는 것이다.

통일의 문제는 정치적, 군사적, 외교적, 경제적 문제이기 이전에 영적인 문제라고 생각한다. 북한에서 3대 세습독재와 개인 신격화와 우상화 그리고 북한 동포들을 예수 못 믿고 지옥 가게 만드는 김일성주체사상이 무너지지 않는다면 통일을 이루지 못 할 것이다. 하나님을 대적하는 사교(邪敎)집단이라고 할 수 있는 김일성주체사상교가 무너지고 북한 동포들에

김일성 동상 앞에 절하는 북한 주민들

게 진정한 해방과 자유가 주어지기 위해서는 한국교회와 성도들은 깨어 금식하며 기도해야 한다.

귀신들린 아이를 아버지가 데리고 왔을 때 예수님의 제자들은 그 아이 속에 있는 귀신을 내쫓을 수 없었다. 귀신이 나가지 않는 상황 속에서 많은 어려움을 당했을 것이고 후에 예수님이 와서 귀신을 내쫓았다. 제자들은 조용히 예수님께 여쭈었다. "우리들은 왜 귀신을 내쫓지 못했습니까?" 그때 예수님의 대답은 '기도'였다.

기도 외에 다른 것으로는 이런 종류가 나갈 수 없느니라…(막 9:29)

'통일', 하나님의 소원을 이루는 '북한구원 금식성회'

그동안 우리들은 북한구원을 위하여 여러 번의 금식성회를 가졌다. 언제까지 반복적으로 금식성회만을 개최하겠는가? 이제는 작정하고 북한 동포들의 고통을 끝내는 금식기도를 해야 할 때가 됐다. 분단 69년째가 되었는데, 더 이상 북한 동포들을 고통과 죽음 가운데 방치해 둘 수 없다. 그동안 복음 듣지 못하고 죽어간 북한 동포들의 피값을 하나님께서 누구 손에서 찾으시겠는가?

엘리야가 갈멜산 꼭대기에 올라가 무릎을 꿇고 마침내 비가 올 때까지 7번 거듭 확인하며 간절히 기도했던 것과 같이 북한구원을 위해 우리의 기도가 이와 같아야 한다. 북한구원 통일한국을 이룰 때까지 우리의 기도는 멈추지 않아야 한다. 있는 힘을 다하여 기도해야 할 때이다. 통일의 징조들이 나타나고 휴전선이 무너지고 영광스런 통일한국이 세워질 때까지….

이번 2월 4일(화)~8일(토)에 수원 흰돌산기도원에서 진행되는 '북한구원 금식성회'에는 전국적으로 또 전 세계적으로 수많은 기도자들이 참석할 것이다. 이번이 북한 동포들의 고통을 끝내며 통일한국을 이루는 결정적인 기도의 타이밍이기 때문이다. 통일에도 기회의 때가 있고 기도에도 응답의 때가 있다. 지금이 통일의 때이고 이를 위해 기도해야 할 결정적인 때다. 하나님의 소원 '통일'은 이렇게 우리들의 간절한 금식기도로 성취될 것이다.

> **내가 기뻐하는 금식은 흉악의 결박을 풀어 주며 멍에의 줄을 끌러 주며 압제 당하는 자를 자유하게 하며 모든 멍에를 꺾는 것이 아니겠느냐** (사 58:6)

이제는 우리가 하나님 기뻐하시는 금식을 해야 할 때다. 이 금식기도는 북한 동포들의 흉악의 결박을 풀어주고 멍에의 줄을 끌러주며, 북한 동포들을 압제로부터 자유하게 하고, 북한 동포들 예수 못 믿고 지옥 가게 했던 김일성주체사상의 모든 멍에를 꺾을 것이다.

이때 북한 성도들이 기뻐 뛰며 주님을 찬송하고 예배하고, 북한 땅 방방곡곡에 복음이 증거 되며, 남북한 성도들이 함께 손을 잡고 땅끝까지 복음을 들고 달려가는 통일한국의 영광과 주님의 놀라운 축복을 보게 될 것이다.

영광스런 통일한국